PHILIP FELDHORDT

Beethoven für Klugscheißer

Populäre Irrtümer
und andere Wahrheiten

KLARTEXT

BILDNACHWEIS

S. 4 Wolfgang Kostujak, S. 9 oben Beethoven-Haus Bonn, S. 10 und 11 unten: Bernd Piplack Fotojournalist, S. 12/13 unten Philip Feldhordt, S. 15 https://commons.wikimedia.org/wiki/File:AntonSchindler.jpg, S. 18 picture alliance/APA/picturedesk.com, S. 20 unten dpa picture alliance, S. 21 picture alliance/Mary Evans Picture Library, S. 22 Beethoven-Haus Bonn, S. 23 Wikipedia CC 0, S. 25 unten Beethoven-Haus Bonn, S. 27 Wikipedia CC BY-SA 3.0, S. 29 commons.wikimedia.org/wiki/File:Minerval_insignia.png, S. 30 diogenes Verlag, S. 32 oben Wikipedia CC BY-SA 3.0, S. 33 Beethoven-Haus Bonn, S. 35 Ina Zimmermann, S. 44 picture alliance/REUTERS und © VG Bild-Kunst, Bonn 2019, S. 47 Beethoven-Haus Bonn, S. 51 picture alliance/ullstein bild, S. 55 Beethoven-Haus Bonn, S. 59 picture alliance/akg, S. 60 oben picture alliance/Cdsb/Imaginechina/dpa, S. 63 picture alliance/United Archives, S. 66 Wikipedia CC BY-SA 3.0, S. 68 © Peanuts Worldwide LLC/Distr. Andrews McMeel/Distr. Bulls., S. 73 links Welleschik, Wikipedia CC BY-SA 3.0, S. 73 rechts Doris Antony, CC BY 4.0, S. 74 Beethoven-Haus Bonn, S. 75 Beethoven-Haus Bonn, S. 78 unten picture alliance/APA/picturedesk.com, S. 79 https://www.duckshop.de/shop-duckshop/Austroducks/Beethoven-Quietscheentchen.html, S. 85 links und rechts picture alliance/Everett Collection, S. 87 Beethoven-Haus Bonn, Sammlung H.C.Bodner;

Adobe/Stock: S. 4 ©Matthias Enter; S. 5 ©Jakub Jirsák; S. 6 ©pure-life-pictures; S. 7 ©Mario Breda; S. 9 ©BSH; S. 12/13 ©Roksana Bashyrova; S. 16/17/49–51 ©me67kz; S. 19 ©BarefootBornDesign; S. 20 ©Grigorita Ko; S. 25 ©innafoto2017; S. 27 ©Andrey Kuzmin, ©Marc Dietrich; S. 30/31 ©Marina; S. 34/35 ©bradical; S. 37 ©ngupakarti; S. 38 ©matiasdelcarmine; S. 39 ©asantosg; S. 42 ©Pixelfeger; S. 48 ©pokki, S. 54 ©YY apartment; S. 57 ©Silvio o.l./u.r, ©Popova Olga o.r./u.l; S. 60 ©Composer; S. 62 ©Juulijs, ©Georgios Kollidas; S. 64 ©helshik; S. 70 ©NelsonCharette Media; S. 72 ©Otto Durst o., ©Wolfgang Zwanzger u.l/u.r, S. 76 AG; S. 77 ©sikaraha, ©borisb17; S. 78 ©majonit; S. 81 ©EmLion; S. 82 ©rdnzl; S. 83 ©Lennartz o., ©Stefan Kunert u.; S. 89 ©travelview; S. 92/93 ©川崎市民団体Coaクラブ; S. 95 ©princeoflove; S. 96 ©peterschreiber.media; S. 97 ©dd o. und u.;
Noten: ©yosuke14; Illustration Beethoven: © just83in; Wikipedia CC BY-SA 3.0

Bibliografische Information der Deutschen Nationalbibliothek
Die Deutsche Nationalbibliothek verzeichnet diese Publikation in der Deutschen Nationalbibliografie; detaillierte bibliografische Daten sind im Internet über http://dnb.dnb.de abrufbar.

IMPRESSUM

2. Auflage Februar 2020
Layout und Satz: Ina Zimmermann
Umschlagfotos: ©Bernd Piplack Fotojournalist; www.duckshop.de;
Adobe Stock: ©majonit; ©AG; ©Grigorita Ko; ©Juulijs;
©Composer; ©by-studio; ©Clara Dinand; ©EmLion; ©Laiotz
Druck und Bindung: Griebsch & Rochol Druck GmbH, Gabelsbergerstraße 1, D-59069 Hamm
© Klartext Verlag, Essen 2019
Alle Rechte vorbehalten
ISBN 978-3-8375-2124-5

KLARTEXT Jakob Funke Medien Beteiligungs GmbH & Co. KG
Jakob-Funke-Platz 1, 45127 Essen
info@klartext-verlag.de, www.klartext-verlag.de

Inhalt

- 4 Der Autor
- 5 Zum Geleit
- 6 Beethoven und seine Zeit
- 8 Zahlen und Fakten
- 12 Mondschein
- 14 Der erste Beethoven-Experte: ein Betrüger
- 16 Der Raub der Konversationshefte
- 17 Kommissar Rex
- 19 Das vergessene Pferd oder: Beethoven und die Tiere
- 20 Beethoven war ein Hund
- 21 Hier kommt Alex
- 22 Odyssee eines Flügels
- 24 Künstler arbeiten immer nachts
- 26 Ein Fall fürs Jugendamt
- 28 Die Illuminati, Sokrates und Jesus
- 30 Beethoven und seine Musik in der Literatur
- 32 All Men Shall Be Brothers of Ludwig
- 36 Jazz und Beethoven
- 37 Impro-Battle
- 38 Dr. Jekyll und Mr. Hyde
- 39 Beethoven war mit 30 taub wie eine Beethovenmaus
- 43 Beethoven war immer schlecht gelaunt
- 45 Beethoven hat nur geniale Werke komponiert
- 46 Ein Genie braucht keine Lehrbücher
- 47 Spazieren und komponieren
- 48 Das Vier-Stunden-Konzert. Im Winter. Ohne Heizung.
- 49 Will Beethoven stop Hitler?
- 53 Beethoven war ein verkanntes Genie
- 55 Beethoven triff Goethe
- 56 Der verhinderte Auswanderer
- 58 Bei Duo Fen (贝多芬)
- 60 Big in Japan
- 61 Die „Ode an die Freude", eine der beiden Sinfonien Beethovens
- 62 Beethoven was wrong
- 64 Was he black?
- 65 Ludwig von Rübenhofen
- 67 Happy Beethoven's Birthday!
- 69 Kochkünstler
- 71 Umzugskünstler
- 74 Beethovens Totenmaske
- 75 Verbleit
- 76 Bronzehoven und Beethon
- 80 BTHVN 2020 und die Vorläufer
- 82 Käsebrot van Bratwurst
- 84 Beethoven und die Frauen
- 86 Beethoven macht Ferien
- 88 Ein Fall fürs Jugendamt II
- 90 Der falsche Baron
- 92 Das größte Werk
- 94 Das schwierigste Werk
- 95 Das merkwürdigste Werk
- 96 Das letzte Werk
- 98 Das Klugscheißer-Quiz
- 102 Chronologie
- 104 Zitate

Der Autor

Philip Feldhordt, Jahrgang 1984, Musiker und promovierter Musikwissenschaftler, studierte an der Folkwang Universität und der Universität Duisburg-Essen. Seine Doktorarbeit schrieb er über den Beethoven-Schüler Carl Czerny, einen äußerst produktiven Komponisten von Klavier-Etüden, der heute noch als „Schülerschreck" gefürchtet ist. Philip Feldhordt unterrichtet (nicht als Schülerschreck, hoffentlich) an der Folkwang Universität Klavier und Musikwissenschaft.

Zum Geleit

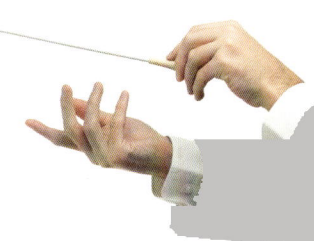

Über Ludwig van Beethoven ist bestimmt schon sehr viel geschrieben worden, leider aber noch nicht genug gelesen. Das hängt wohl nicht zuletzt damit zusammen, dass die Fachleute, die sich professionell forschend und schreibend mit dem Gegenstand befassen – die Musikwissenschaftler – in vielerlei Hinsicht eine randständige Existenz führen: Erstens sind sie bereits von der Anzahl her sehr gering vertreten – auf die Gesamtbevölkerung gerechnet erreichen sie keinesfalls den Promill-Bereich, hier müsste man schon mit homöopathischen Verdünnungen operieren, um sie überhaupt zu erfassen. Zweitens haben sie in den letzten Jahrzehnten auch eher wenig zu ihrer größeren öffentlichen Beachtung beigetragen, denn die hierzulande verbreitete wissenschaftliche Schreibweise benutzt ein Fachvokabular, das die Hermetik ihrer Situation noch verstärkt (der Autor dieser Zeilen nimmt sich bei diesem Urteil entschiedener Maßen selbst nicht aus). Und so reagieren selbst Vertreter anderer kulturbezogener Disziplinen vielfach interessiert erstaunt, wenn sie erfahren, dass man sich nicht nur mit Malerei oder Literatur, sondern auch mit Musik wissenschaftlich befassen kann. Das ist natürlich schade, denn Wissen kann einen Quell steter Freude bilden – nicht zuletzt bei einer Tätigkeit, die zwar nicht immer sehr gerühmt wird, dafür umso größere Verbreitung genießt: dem Klugscheißen. Für jeden Klugscheißer oder den, der es werden möchte, ist es ein Glücksfall, dass mit Philip Feldhordt eines jener seltenen Einhörner gefunden wurde, das gleichermaßen wissenschaftlich informiert wie lesetauglich über den vor nunmehr 250 Jahren (einem Vierteljahrtausend!) geborenen Musiker Beethoven zu schreiben versteht. Wenn Sie sich also noch für das Beethovenjahr 2020 geistig bewaffnen möchten: „Beethoven für Klugscheißer" ist das eine Buch, das Sie brauchen, um alle Veranstaltungen des Jahres, die Konzerte und noch mehr die Konzertpausen, glänzend zu bestehen.

Prof. Dr. Andreas Jacob
Rektor der Folkwang Universität der Künste

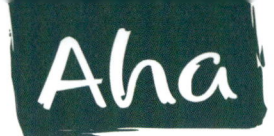

Beethoven und seine Zeit

„Zeitalter der Aufklärung" nennt man das 18. Jahrhundert auch. Die Vernunft wird zum obersten Maßstab und Fortschritt ist was Gutes – Beethoven, 1770 geboren, trifft in seiner Geburtsstadt Bonn auf Leute, die in diesem modernen Sinn denken. Das politische Klima in der Stadt ist eher liberal, auch wenn sie noch absolutistisch regiert wird. „Aufgeklärter Absolutismus", sagt man dazu – im Prinzip schon mal ganz nett.

Aber die Geschichte hat gezeigt, dass das Ganze noch ein paar Nummern größer ist. Es kündigt sich der Anfang vom Ende der alten Gesellschaftsstrukturen an. Beethoven ist 18, als das anderswo politisch ziemlich handfest wird: 1789 bricht in Frankreich die Revolution aus, dem Adel geht es an den Kragen, und eine Menschenrechtserklärung mit den Schlagwörtern *liberté, égalité, fraternité* wird verkündet. Drei Jahre später, 1792, wird in Paris die Monarchie abgeschafft und die Republik ausgerufen.

1792 ist auch das Jahr, in dem Beethoven von Bonn nach Wien umzieht. Revolution gibt es hier nicht. Aber man guckt sehr genau zu, was in Frankreich passiert, die einen mit Hoffnung, die anderen mit Angst. Direkt betroffen ist man in Wien durch eine andere, nicht ganz unwichtige Facette der politischen Entwicklungen in Frankreich: Napoleon führt Kriege, 1792 erklärt Frankreich Österreich den Krieg. Und Beethoven sympathisiert mit dem Kriegsgegner, findet Napoleon gut. Erst mal, zumindest.

Das Völkerschlachtdenkmal in Leipzig

Was später passiert, kennt man aus dem Geschichtsunterricht. Napoleon krönt sich 1804 einfach mal selbst zum Kaiser. Knapp neun Jahre später die „Völkerschlacht bei Leipzig", 16. bis 19. Oktober 1813, Napoleons Niederlage. Der Wiener Kongress ab November 1814, in Wien (eigentlich klar). Hier handeln Großbritannien, Österreich, Russland, Preußen und Frankreich zusammen die Neuordnung Europas aus. Den Ton gibt dabei der spätere Sekt-Namensgeber Fürst von Metternich an.

Nach Metternichs Wille soll am besten alles so werden wie früher – verständlich, wenn der Nachname mit „Fürst von" anfängt. Wer wie Beethoven auf Veränderungen gehofft hat, ist jetzt ziemlich enttäuscht. Potenziell aufrührerische Leute wie er werden von der Wiener Geheimpolizei überwacht, auch Universitäten werden kontrolliert, Bücher zensiert. Bis zu den Revolutionen wird es noch ein paar Jahre dauern.

Verändern darf sich die Musik. Man zählt Beethoven heute zusammen mit Haydn und Mozart zur Wiener Klassik, auch wenn er mit seinen Kompositionen Grenzen ebenjener Wiener Klassik überschreitet. Beethoven prägt die Musik des 19. Jahrhunderts. Zumindest in der Musik ist nach ihm nichts mehr wie zuvor.

Zahlen und Fakten

1778

Den **1. öffentlichen Auftritt überhaupt** hat Beethoven 1778: Er spielt in Köln Klavier. Sein Vater präsentiert ihn als sechsjähriges Wunderkind, in Wirklichkeit ist er „schon" siebeneinhalb.

1782

Die **1. gedruckte Komposition** von Beethoven kommt 1782 heraus. Es sind die „Variationen c-Moll für Klavier über einen Marsch von Ernst Christoph Dressler".

1795

Opus 1 wird 1795 gedruckt. Es handelt sich um drei Trios für Klavier, Violine und Violoncello. Beethoven hat auch vorher Kompositionen veröffentlicht (siehe 1782), nur hat er ihnen noch keine Opuszahlen verpasst. Sie werden deshalb in der schönen Kategorie „Werke ohne Opuszahlen", kurz „WoO" gezählt. Auch manche spätere Kompositionen haben keine richtige Opuszahl – „Für Elise" ist z.B. „WoO 59".

Ebenfalls **1795** findet der **1. öffentliche Auftritt** in Wien statt. Beethoven spielt eine eigene Komposition.

1796

Seine **einzige Konzerttournee** unternimmt Beethoven im Jahr 1796. Stationen sind Prag, Dresden, Leipzig und Berlin.

1800

Die **1. Sinfonie** Beethovens wird im Jahr 1800 in Wien zum ersten Mal aufgeführt. Seine 9. und letzte Sinfonie 24 Jahre später. Vor allem zu den bekannteren Sinfonien Beethovens (besonders Nr. 5 und Nr. 9) sagen Klugscheißer gerne nur „die Fünfte" oder „die Neunte".

138/228

Beethoven hat **138 Werke mit Opuszahl** komponiert und **228 Werke ohne Opuszahl**.

Die **Beethoven-Halbinsel** ist eine vereiste Halbinsel in der Westantarktis. Nördlich davon liegt übrigens die Eroica-Halbinsel, benannt nach Beethovens dritter Sinfonie, die „Eroica" heißt.

Ein **Einschlagkrater auf dem Merkur** heißt Beethoven. Es handelt sich mit einem Durchmesser von ca. 630 km um einen besonders großen Krater (zum Vergleich: Der Mozart-Krater hat nur einen Durchmesser von ungefähr 241 km).

Beethoven als Kind am Flügel, lavierte Bleistiftzeichnung

Nach Einschätzung des Vereins „Bürger für Beethoven" sind nach keiner anderen Person so viele **Straßen, Plätze und Parks weltweit** benannt wie nach Beethoven. Fast 700 Straßen und Plätze sind auf der interaktiven Beethovenkarte des Vereins eingetragen, und man sucht weiter. Als nördlichste Beethovenstraße der Welt hat der Verein bisher eine russische ausgemacht, als südlichste eine in Argentinien. In Köln müssen Taxifahrerinnen und -fahrer zwischen vier Beethovenstraßen und einem Beethovenplatz unterscheiden.

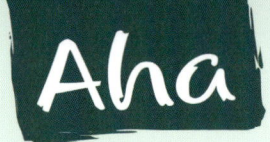

Seit April 2019 fährt eine **Beethoven-E-Lok** mit Beethoven-Porträt und dem Slogan des Beethoven-Jubiläumsjahrs 2020. Sie ist für Strecken zwischen Köln und Berlin und zwischen Hamburg und Köln vorgesehen. Schon seit 2016 ist eine Beethoven-E-Lok der Salzburger-Eisenbahn-Transportlogistik GmbH (SETG) unterwegs, allerdings nur im Güterverkehr. Und von 1972 bis 2002 verkehrte der TEE bzw. Intercity „Van Beethoven" zwischen Amsterdam und Frankfurt. Ihm sah man seinen berühmten Namensgeber allerdings nicht an.

Die offizielle Beethoven-Jubiläumslokomotive mit BTHVN2020-Logo

Auf dem Wasser sind **nach Beethoven benannte Schiffe** unterwegs. Zum Beispiel der „BTHVN2020 Musikfrachter", der im Jubiläumsjahr von Bonn nach Wien fährt. Oder das Rheinschiff MS Beethoven und ein Kreuzfahrtschiff gleichen Namens. Schon im 19. Jahrhundert gab es einen Rheindampfer namens „Beethoven".

Mit einem **Heißluftballon in Form einer Beethovenbüste** schwebte der amerikanische Verleger und Multimillionär Malcolm Stevenson Forbes 1987 in Berlin über den Reichstag.

Mondschein

Ob Beethoven stolz darauf wäre, es auf die „Kuschelklassik Vol. 2" von 1997 geschafft zu haben? Man kann nur spekulieren. Genauso darüber, ob seine Komposition auch auf der Platte gelandet wäre, wenn ihr Titel nicht „Mondschein-Sonate" lautete, sondern „Lauben-Sonate".

So nannten nämlich manche in Beethovens Wohnort Wien die Klaviersonate op. 27, Nr. 2. Es hieß, er habe den berühmten ersten Satz der Sonate in einer Gartenlaube improvisiert, als er verliebt war.
Der Name „Mondschein-Sonate" kam anderswo her. Der Dichter und Musikkritiker Ludwig Rellstab hatte in einer Musikzeitung seine Assoziationen zu Beethovens Stück veröffentlicht: „Der See ruht in dämmerndem Mondenschimmer, dumpf stößt die Welle an das dunkle Ufer". Beethoven selbst hatte seine Komposition 1801 eigentlich „Sonata quasi una fantasia" genannt, also „Sonate, so ähnlich wie eine Fantasie". Zugegebenermaßen kein wirklich schmissiger Titel. Dann eben „Mondschein-Sonate".
Ein bisschen anders lief es mit der Namensgebung bei anderen Kompositionen. Die fünfte Sinfonie firmiert noch heute unter „Schicksalssinfonie", weil jemand behauptete, Beethoven habe gesagt: „So pocht das Schicksal an die Pforte". Der gleiche Jemand erzählte auch, Beethoven habe ihm auf

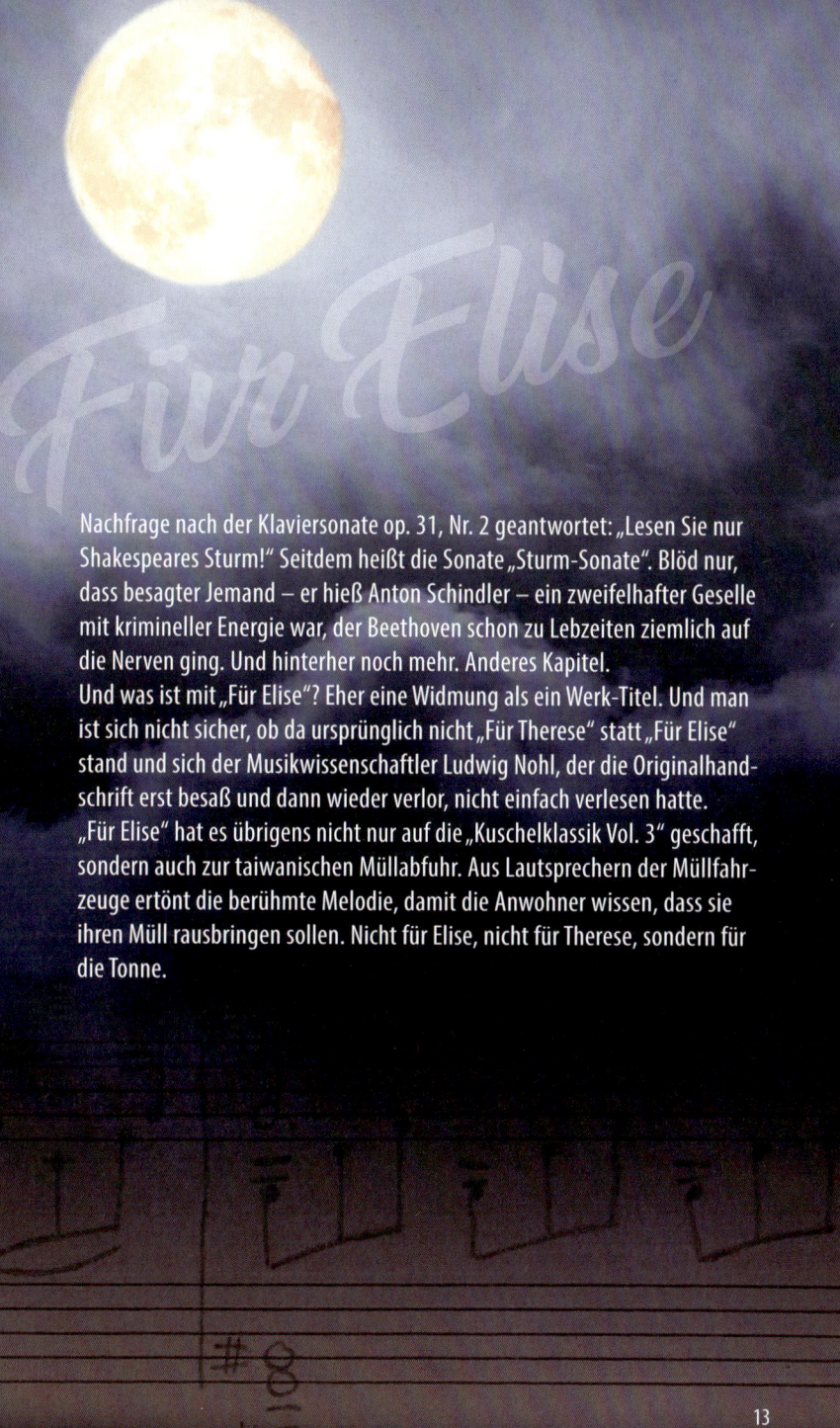

Für Elise

Nachfrage nach der Klaviersonate op. 31, Nr. 2 geantwortet: „Lesen Sie nur Shakespeares Sturm!" Seitdem heißt die Sonate „Sturm-Sonate". Blöd nur, dass besagter Jemand – er hieß Anton Schindler – ein zweifelhafter Geselle mit krimineller Energie war, der Beethoven schon zu Lebzeiten ziemlich auf die Nerven ging. Und hinterher noch mehr. Anderes Kapitel.

Und was ist mit „Für Elise"? Eher eine Widmung als ein Werk-Titel. Und man ist sich nicht sicher, ob da ursprünglich nicht „Für Therese" statt „Für Elise" stand und sich der Musikwissenschaftler Ludwig Nohl, der die Originalhandschrift erst besaß und dann wieder verlor, nicht einfach verlesen hatte.

„Für Elise" hat es übrigens nicht nur auf die „Kuschelklassik Vol. 3" geschafft, sondern auch zur taiwanischen Müllabfuhr. Aus Lautsprechern der Müllfahrzeuge ertönt die berühmte Melodie, damit die Anwohner wissen, dass sie ihren Müll rausbringen sollen. Nicht für Elise, nicht für Therese, sondern für die Tonne.

Der erste Beethoven-Experte: ein Betrüger

Beethoven hat kein allzu gutes Gefühl bei dem Mann, der in seinen letzten Lebensjahren als eine Art Sekretär für ihn arbeitet. Er traut Anton Schindler nicht recht, schreibt sogar an ihn: „überhaupt aber habe ich eine gewiße Furcht vor Ihnen, daß mir einmal ein Großes Unglück durch Sie bevorsteht." Zumindest Beethoven-Forschern hat Schindler Unglück gebracht.

Schindler ist Geiger, Dirigent, Gesangslehrer und Klavierlehrer, der außerdem ein abgebrochenes Jurastudium hinter sich hat. Beethoven braucht jemanden, der sich um Botengänge, Verhandlungen mit Handwerkern und ähnliche Dinge des täglichen Lebens kümmert, und Schindler bietet seine Hilfe an. Seine Arbeit geht über Beethovens Tod hinaus: Er verwaltet den Nachlass des Komponisten, schreibt die erste Biografie über ihn und reist als selbsternannter Beethoven-Experte durch die Lande. Zwar kommt er nicht besonders sympathisch rüber, und man wundert sich allgemein, wie Beethoven das „monotone Geschwätz" Schindlers habe ertragen können. Aber man schiebt es auf des Komponisten Schwerhörigkeit.

Immerhin hat Schindler ja das Privileg genossen, mit Beethoven über dessen Kompositionen und über Musik überhaupt zu sprechen. Das belegen die sogenannten „Konversationshefte": Da schrieben Beethovens Gesprächspartner ihre Fragen und Antworten hinein, als Beethoven bereits sehr schwerhörig war. Zumindest glaubt man diesem Beleg bis in die 1970er Jahre. Denn erst dann kommt man Schindlers List auf die Schliche: Nach Beethovens Tod hat er an freien Stellen in den Konversationsheften alles Mögliche nachträglich hineingeschrieben und den Anschein erweckt, Beethoven habe bestimmte Dinge zu ihm gesagt. Zum Beispiel ergänzt er: „Tausend Dank für Ihre vielen Bemühungen um meine Ausbildung". Klingt, als habe Beethoven Schindler

Unterricht erteilt, was aber gar nicht stimmt. Durch solche und andere Manipulationen kann sich Schindler, der sich in Wirklichkeit wohl nur über alltägliche Angelegenheiten mit Beethoven abgestimmt hat, später als Beethoven-Experte betätigen. Schindlers Fälschungen haben einige Verwirrung gestiftet unter Beethoven-Forschern. Sie hatten sich nicht nur auf die Konversationshefte verlassen, sondern auch auf Schindlers Beethoven-Biografie. Denn er hat als wichtiger Zeitzeuge gegolten. Was soll man jetzt noch glauben? Hat Beethoven wirklich etwas vom an die Pforte klopfenden Schicksal gesagt, als er über seine fünfte Sinfonie sprach? Das weiß man nur von Schindler, und wer einmal lügt …

Anton Felix Schindler, 1795–1864

Der Musikwissenschaftler Daniel Brenner glaubt: „Schindler täuschte nicht nur seine Umwelt, sondern auch sich selbst." Der Sekretär scheint den Komponisten idealisiert zu haben und nicht damit zurechtgekommen zu sein, dass Beethoven seinerseits nicht viel von seinem (übrigens für lau) arbeitenden Sekretär hielt. Dann wäre Schindler wohl weniger ein kühl kalkulierender Krimineller als selbst eine tragische Gestalt.

Der Raub der Konversationshefte

Schindlers Fälschungen bleiben nicht die einzigen kriminellen Machenschaften im Zusammenhang mit Beethovens Konversationsheften. Die werden nämlich Anfang der 1950er Jahre aus der Deutschen Staatsbibliothek in Ost-Berlin geklaut. Der Täter: Joachim Krüger, Musikalienhändler und Antiquar.

Krüger ist außerdem ehemaliger Wehrmachtssoldat und nach eigener Aussage Agent der Organisation Gehlen, also des Vorläufers des BND. Als Musikantiquar verfolgt er ein ebenso eigenwilliges wie einträgliches Geschäftsmodell. Er bietet wertvolle Originalhandschriften zum Kauf an. Die hat er allerdings gar nicht. Wenn eine Bestellung eingeht, geht er in die Bibliothek und stiehlt das gewünschte Dokument. Zu Hause entfernt er mit Chemikalien die Bibliotheksstempel, dann verkauft er seine Ware, z.B. nach Amerika. Insgesamt soll er Bücher im Wert von 20 Millionen Mark gestohlen haben.
Die Geschichte des Diebstahls von Beethovens Konversationsheften beginnt damit, dass Krüger sich einen falschen Doktortitel zulegt und als Dr. Krüger-Riebow Direktor der Musikabteilung der Deutschen Staatsbibliothek in Berlin wird. In dieser Funktion erleichtert er die Bibliothek um Handschriften einiger berühmter Komponisten. Während die anderen Mitarbeiter am 1. Mai 1951 bei einer Kundgebung sind, packt Krüger sein Diebesgut in Koffer, schafft sie in einen Lieferwagen und fährt nach West-Berlin. Von da geht es mit dem Flugzeug nach Köln-Bonn. Fast hat er es geschafft, als ein Missgeschick passiert: Einer der Koffer öffnet sich, und zum Vorschein kommt Papier, das irgendwie alt und wertvoll aussieht – findet zumindest der Zollbeamte, der daneben steht.
In so einer Situation erweist sich, ob ein versierter Hochstapler eines wirklich ist, nämlich ein versierter Hochstapler. Der falsche Doktor ist einer. Die Russen hätten die wertvollen Quellen in die Sowjetunion schaffen wollen,

improvisiert Krüger. Er habe das Zeug unter Lebensgefahr gerettet und wolle es nun ins Beethoven-Haus nach Bonn bringen. Planänderung also. Krüger fährt, unter Observierung wirklich zum Beethoven-Haus und übergibt das Diebesgut. Zumindest einen Teil davon. Den Rest behält er und betreibt damit weiterhin sein „Antiquariat".

Das Bonner Archiv bestreitet in den 1950er Jahren erst mal, dass man die Konversationshefte überhaupt habe. Später behauptet der Leiter des Archivs, man habe sie „treuhänderisch in Verwahrung genommen". Im Osten würden sie ja eh nur wegkommen und so. Erst 1961 werden die Quellen nach Ost-Berlin an die Staatsbibliothek zurückgegeben.

Krüger wird später wegen anderer Bücherdiebstähle verhaftet, kommt aber mit einer kurzen Haftstrafe davon. 1961 aus der Haft entlassen, verliert sich seine Spur.

Kommissar Rex

Eine ziemlich konstruierte Krimihandlung eigentlich. Kommissar Moser und Polizeihund Rex ermitteln in einem Mordfall, der in Verbindung steht mit einem Grabraub der besonderen Art: Beethovens Schädel wurde geklaut! Nicht ganz so unrealistisch allerdings, wie man meinen könnte. Gleich mehrere wahre Begebenheiten stehen hinter der Kommissar-Rex-Folge von 1995.

Joseph Haydns Schädel kann erst 1954 zu den anderen Gebeinen zurückgelegt werden, nachdem er kurz nach Haydns Tod im Jahr 1809 aus dem Grab gestohlen worden und seitdem von einem zum anderen gewandert ist. Und Beethoven gönnt man die Totenruhe auch nicht. Schon als er 1827 gestorben war, sollen Kopf-Interessenten einen Totengräber zu bestechen versucht haben, dass er den Schädel abzweige. Das ging allerdings gegen des Totengräbers Berufsehre. In den 1860er Jahren ist es dann aber doch soweit. Bei einer Exhumierung zwecks Umbettung bietet sich für die Beteiligten die Gelegenheit, ein paar Souvenirs einzustecken. Der Wiener Arzt Dr. Seligmann hat danach eine Blechdose mit der Aufschrift „Beethoven" zu Hause stehen. Die Dose wird innerhalb der Familie vererbt, bis ein Nachkomme sie in Kalifornien der San José State University überlässt. 2005 werden sie dort per DNA-Analyse untersucht. Er ist es wirklich.

Tobias Moretti in seiner Filmrolle als Kommissar Moser mit Polizeihund Rex in Wien (1994–2004)

Das vergessene Pferd oder: Beethoven und die Tiere

Außer Hunden können auch andere Tiere etwas mit Beethoven zu tun haben.

Erwähnt sei hier der Papagei Papo, der nach Auskunft seines tierlieben Herrchens Richard Wagner Beethoven-Sinfonie-Themen krächzen konnte.
Beethoven selbst hat zwar zeitweilig ein Pferd, kann es in puncto Tierliebe aber wohl nicht mit Kollege Wagner aufnehmen. Das Tier ist das Geschenk des Reichsgrafen von Browne und gerät bei Beethoven schnell in Vergessenheit. Erst als der Stallknecht ihm eine Rechnung über Pferdefutter vorlegt, fällt ihm sein Besitz wieder ein. Der Stallknecht hat das Pferd seinerseits – weil es ja sowieso nur rumsteht – zu eigenen Gunsten vermietet.
Um die Wirkung von Beethovens Musik auf Pferde geht es in Episode 10 der WDR-Vorabendserie „Turf", die 1984 lief. Ein Pferd gewinnt rätselhafterweise immer dann, wenn es vor dem Rennen Beethoven hört. Titel der Folge: „Das Pferd, das Beethoven liebte". Nach einer wahren Begebenheit, könnte man sogar dazusagen. Beethoven erhält nämlich mal eine Anfrage des Erzherzogs Rudolf, der ihn um eine Komposition für eine Veranstaltung der Wiener Hofreitschule bittet. Beethoven amüsiert sich in seinem Antwortbrief darüber, dass Hoheit wohl „die Wirkungen der Musik auch noch auf die Pferde" erproben wolle, sichert im gleichen Atemzug aber zu, dass „die verlangte Pferde-Musik" den Auftraggeber „mit dem schnellsten Galop" erreichen werde.

Beethoven war ein Hund

Das mit dem Bernhardiner aus „Ein Hund namens Beethoven", dem Film von 1992, hat seitdem Stoff geboten für sieben Fortsetzungen. Das setzt sich schon irgendwie im kulturellen Gedächtnis fest. Als sich im Mai 2019 in Bonn Menschen namens Beethoven treffen, erzählt einer von ihnen – so berichtet es die *Süddeutsche* – , man werde natürlich oft auf den Namen angesprochen, auch mit der Frage: „Beethoven – ist das nicht dieser Hund aus den Filmen?" Ob entsprechende Fragesteller auch davon ausgehen, dass die Neunte von einem Bernhardiner komponiert worden sei, ist nicht überliefert.

Bernhardiner Beethoven inmitten seiner Filmfamilie

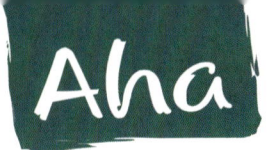

Hier kommt Alex

Von Beethoven inspiriert: Alex, in Stanley Kubricks Verfilmung gespielt von Malcolm McDowell

Zwar hat Beethoven nur eine einzige Oper („Fidelio") geschrieben. Dafür kommt seine Musik aber immer wieder in Filmen vor. Prominentes Beispiel: „Clockwork Orange", Stanley Kubricks Film von 1971.

Protagonist Alex, ein (mit einem Wort aus seinem eigenen Vokabular) „ultrabrutaler" Zeitgenosse, lässt auf Beethoven nichts kommen. Er spricht von der „herrlichen Neunten", und zu Hause hat er ein großes Poster des von ihm verehrten und liebevoll „Ludwig van" genannten Komponisten im Zimmer hängen. Beethovens Musik inspiriert Alex zu seinen Gewalttaten.
Nach seiner Verhaftung wendet sich das Blatt. Alex muss sich zu Therapiezwecken Gewaltfilme ansehen, zu denen im Hintergrund die „Ode an die Freude" aus Beethovens neunter Sinfonie läuft – eine Qual für ihn. Von da an ist er so konditioniert, dass Beethovens Musik bei ihm Übelkeit auslöst. Das macht sich ein früheres Opfer für seine Rache an Alex zunutze: Alex wird mit Beethovens Neunter gefoltert und fast in den Selbstmord getrieben.
Was Beethoven für Alex – vor den Umerziehungsmaßnahmen –, das ist Alex für den Punk: ein Idol. Es gibt den „Clockwork-Punk" als eigene Richtung. Und die Toten Hosen feiern 1988 mit „Hier kommt Alex" ihren Durchbruch. Im Musikvideo sieht Campino aus wie Andy Warhols Beethoven-Porträt.

Weitere Filme, in denen Beethovens Musik eine wichtige Rolle spielt (Auswahl):

„Fantasia" (1940, Beethovens 6. Sinfonie), „Eroica" (1949, Beethovens 3. Sinfonie), „Küss mich, Dummkopf" (1964, „Für Elise"; außerdem trägt Klavierlehrer Spooner einen Pulli mit Beethoven-Porträt), „Vorname Carmen" (1983, Beethovens Streichquartette), „Immortal Beloved" (1994, u.a. Beethovens „Mondschein-Sonate"), „The King's Speech" (2010, Beethovens 7. Sinfonie), „X-Men: Apocalypse" (2016, Beethovens 7. Sinfonie)

Odyssee eines Flügels

Wer zu Hause ein Klavier stehen hat, weiß, wie empfindlich es auf Schwankungen der Temperatur und vor allem der Luftfeuchtigkeit reagieren kann. Auch ein Klaviertransport, z.B. bei einem Umzug, kann außer denen, die das Instrument tragen, auch dem Klavier selbst zu schaffen machen. Dafür muss es noch nicht einmal so weit kommen wie in Laurel und Hardys Film „The Music Box". Erhebliche Belastungen musste jedenfalls auch das wohl berühmteste unter Beethovens Instrumenten aushalten: der Broadwood-Flügel.

Thomas Broadwood, Junior-Chef der Londoner Klavierbaufirma Broadwood, ist 1817 in Wien und trifft dort auf Beethoven, dessen Schwerhörigkeit bereits weit fortgeschritten ist. In der Zeit gibt es zwei Konzepte des noch relativ

Widmung auf Beethovens Flügel von Broadwood & Sons, anonyme Fotografie

Ein Flügel von John Broadwood & Sons aus dem Jahr 1827 im Metropolitan Museum of Art

jungen Klavierbaus: die Wiener Mechanik und die englische Mechanik. Die Wiener ist leichtgängig, aber auch etwas leiser, die englische ist schwergängiger, bietet aber einen satteren Sound. Ein Hoffnungsschimmer für Beethoven. Thomas Broadwood zeigt sich generös: Er verspricht, einen seiner Flügel als Geschenk nach Wien zu schicken.

Er hält Wort. Zurück in London, schickt er das Instrument am 27. Dezember 1817 auf die Reise. Für den Flügel der Beginn einer Odyssee. Vom Londoner Hafen geht es auf dem Seeweg über Sizilien nach Triest, wo der Flügel auf ein Pferdefuhrwerk geladen wird. Anfang Juni 1818, nach sechsmonatiger Reise, kommt er bei Beethoven in Wien an. Man kann sich ungefähr vorstellen, in welchem Zustand. Trotzdem nett von Broadwood. Jetzt kommt jedenfalls doch eine Wiener Klavierbaufirma zum Einsatz, die den Flügel der englischen Konkurrenz wieder flott macht.

Der Broadwood wird später ein zweites Mal verschenkt: Ein Wiener Musikverleger, der den Flügel nach Beethovens Tod gekauft hat, überlässt ihn Franz Liszt. Der wiederum vermacht ihn dem Ungarischen Nationalmuseum in Budapest, wo er heute noch steht. Wer nicht so weit fahren möchte, kann im Bonner Beethoven-Haus ein baugleiches Instrument bewundern.

Künstler arbeiten immer nachts

Nachts braucht man nicht auf die Uhr zu gucken. Es gibt keinen Termin zu verpassen. Keiner stört. Und die Kreativität kann in der besonderen Atmosphäre der Nacht ungehindert fließen. Deshalb arbeiten große Künstler immer nachts. Und stehen anderntags erst am frühen Nachmittag auf. Ein populärer Irrtum, zumindest in dieser Absolutheit.

Denn unter Künstlerinnen und Künstlern gibt es genau wie bei allen anderen nicht nur Nachteulen, sondern auch Lerchen. Mit Blick auf frühere Zeiten ist außerdem das Fehlen von elektrischem Licht nicht zu unterschätzen. Nachts bei Kerzenschein zu arbeiten, mag zwar romantisch sein, strengt aber die Augen an. Vor allem, wenn man sowieso schon eine Sehschwäche hat. So wie Beethoven.
Ja: Der hat nicht nur Schwierigkeiten mit dem Hören, sondern auch mit dem Sehen. Die Rede ist von immerhin um die vier Dioptrien auf einem Auge und ungefähr anderthalb auf dem anderen.
Zwar verfügt Beethoven über eine Brille, öffentlich zeigt er sich aber nicht damit. Und anders als z.B. Franz Schubert würde er sich nie mit einer Brille auf der Nase porträtieren lassen. Seine Sehschwäche soll 1810 für einen üblen Sturz auf den Kopf verantwortlich sein.
Beethoven findet jedenfalls wohl keinen Gefallen daran, des Nachts bei Kerzenschein Noten zu schreiben. Für gewöhnlich geht er eher

früh schlafen, nicht später als 22 Uhr, und steht früh auf. Morgens gibt es Kaffee, für den Beethoven – wenn der Kaffee gut werden soll – genau 60 Kaffeebohnen abzählt. Als Wachmacher greift er zudem wohl auf eine Art frühe Ice-Bucket-Challenge zurück: Vor dem Komponieren gießt er sich, so wird berichtet, schon mal Eiswasser über den Kopf. Welche Gewohnheiten aus Beethovens Tagesablauf man sich vom großen Komponisten abguckt, möge jeder selbst entscheiden.

Beethoven beim Komponieren in seinem Studierzimmer im Morgengrauen, Reproduktion eines Gemäldes von Rudolf Eichstaedt (1857–1924)

Ein Fall fürs Jugendamt I

Man kann froh sein, dass der junge Ludwig van Klaviersonaten komponiert, statt krumme Dinger zu drehen. Seine Familie wäre heute wohl ein Fall fürs Jugendamt.

Die Neigung zum Alkohol liegt in der Familie. Opa väterlicherseits bringt Oma väterlicherseits in einem Kloster unter, wo man sich um ihre Trunksucht kümmern soll. Sohn Johann van Beethoven – Ludwigs Vater – bewahrt das nicht vor einer eigenen Alkoholikerlaufbahn. Beim Bonner Kurfürsten als Tenor angestellt, gefährdet er durchs Saufen Stimme und Stelle, von seiner allgemeinen Gesundheit zu schweigen. Die Mutter steht der Institution Ehe eher skeptisch gegenüber: „Was ist Heiraten, ein wenig Freud, aber nachher eine Kette von Leiden", soll sie gesagt haben.

Ludwigs Zukunft liegt dem saufenden Vater aber am Herzen. Doch auch hierin schlägt er wohl etwas über die Stränge. Ludwig geht nur wenig zur Schule, er soll lieber üben. Anfangs ist er noch so klein, dass er auf einem Bänkchen stehend Klavier spielt. Als er sieben ist, lässt der Vater ihn das erste Mal in Köln als Pianist auftreten. Er will seinen Sohn als Wunderkind vermarkten, weshalb er ihn sicherheitshalber als Sechsjährigen präsentiert. Mit elf fängt Beethoven an, den Organisten der Bonner Hofkapelle zu vertreten. In Galauniform spielt er bis spät in die Nacht.

Beethoven ist noch Teenager, als 1787 seine Mutter stirbt. Er muss sich um seine beiden Brüder kümmern, die vier und sechs Jahre jünger sind als er. Zu dritt holen sie ihren Vater aus dem Wirtshaus ab. 1792 stirbt der Vater.

Die fehlende Schulbildung macht Beethoven lebenslang zu schaffen. Rechnen bereitet ihm große Schwierigkeiten. In seinen Konversationsheften versucht er sich an Rechnungen, die vorne und hinten nicht stimmen. Doch Beethoven wäre nicht Beethoven, wenn er einfach aufgeben würde. 1789 schreibt er sich an der Bonner Uni ein. Und er liest.

Beethoven mit ca. 13 Jahren, Bonner Meister. Dieses Ölgemälde soll das früheste authentische Abbild des Komponisten sein.

Zehn Jahre später notiert er: „Ohne auch im mindesten Anspruch auf eigentliche Gelehrsamkeit zu machen, habe ich mich doch bestrebt von Kindheit an, den Sinn der Besseren und Weisen jedes Zeitalters zu fassen." Noch in seinem letzten Lebensjahr lässt er sich von seinem Neffen Karl per Konversationsheft das Multiplizieren erklären und das kleine Einmaleins abfragen.

Die Illuminati, Sokrates und Jesus

Wie konnte Dan Brown das übersehen: Ludwig van Beethoven, ein Sympathisant des Illuminatenordens! Ob das allerdings dem Thriller „Illuminati" aus dem Jahr 2000 eine andere Richtung gegeben hätte, ist zugebenermaßen fraglich.

Im Mai 1776 – Beethoven ist fünf – gründet ein junger Ingolstädter Professor für Kirchenrecht den Geheimbund der Illuminaten. Knappe zehn Jahre später wird der Orden verboten. Der Grund: Illuminaten werden wie auch Freimaurer verdächtigt, Religionsfeinde und Landesverräter zu sein. Seither geht die Legende, dass die Illuminaten im Geheimen weitermachen. Verschwörungstheoretiker glauben, dass sie finstere Pläne verfolgen, ausgesprochen mächtig sind und den Verlauf der Weltgeschichte beeinflussen. Auch von Außerirdischen ist die Rede.
Beethoven ist zwar kein Mitglied des Illuminatenordens und wohl auch kein Abkömmling einer extraterrestrischen Zivilisation. Aber er hat mit Illuminaten wie auch Freimaurern zu tun. Sein Klavierlehrer in Bonn, Christian Gottlob Neefe, ist Illuminatus. Beethoven liest intensiv Bücher des Theologen Johann Michael Sailer, dem vorgeworfen wird, Mitglied der Illuminati zu sein. Der Hochschullehrer Eulogius Schneider, dessen Vorlesungen Beethoven in Bonn wohl besucht, ist zumindest Freimaurer, ebenso wie Beethovens lebenslanger Freund Franz Wegeler. Mit ihnen allen teilt Beethoven die Sympathie für die Französische Revolution und ihre Ideale.
Nach dem Verbot des Geheimbundes finden sich Ex-Illuminaten gemeinsam mit Freimaurern in der „Bonner Lesegesellschaft" zusammen, die heute noch existiert. Direktor dieser Gesellschaft ist zwischenzeitlich ein gewisser Graf Waldstein. Beethoven widmet ihm seine Klaviersonate op. 53, die deswegen auch „Waldstein-Sonate" heißt.
Auch der Lesegesellschaft gehört Beethoven selbst nicht an, aber er liest Bücher ihrer Mitglieder und betreibt Selbstbildung durch Lektüre. Und wenn er liest, dann intensiv: Er unterstreicht, was ihm wichtig vorkommt, schreibt

manches sogar für sich ab. Seine Lektüre ist wohl auch eine Suche nach Vorbildern. 1820 notiert er in einem Skizzenbuch: „Socrates u. Jesus waren mir Muster". Außerdem wohl ein paar Illuminati.

Eine Auswahl aus Beethovens Bibliothek: die beiden Epen Homers, Werke der griechischen Tragödiendichter Aischylos, Sophokles und Euripides, Shakespeare, Kant, Schilling, Herder und Goethe, der Rigveda.

Titelblatt aus „Das verbesserte System der Illuminaten", gedruckt ca. 1788. Es zeigt die Eule der Minerva, die Weisheit und Klugheit symbolisiert.

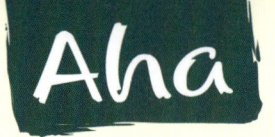

Beethoven und seine Musik in der Literatur

Hierzulande ebenso wenig bekannt wie Beethovens Neigung zum Lesen ist wohl die Tatsache, dass er selbst das Vorbild für den Helden eines zehnbändigen Romans ist.

In den Jahren 1904 bis 1912 erschient in Paris der Mehrteiler des Schriftstellers Romain Rolland, Titel: „Jean-Christophe". Die Romanfigur, die mit vollem Namen Jean-Christophe Krafft heißt, ist ein genialer deutscher Komponist mit belgischen Wurzeln, der mit seiner Umwelt kämpft und viel zu ertragen hat. Kommt einem bekannt vor. Die belgischen Wurzeln machen es möglich, dem Helden einen französischen Vornamen zu verpassen.
Kurz zuvor hat Autor Rolland eine Beethoven-Biografie mit dem Titel „Vie de Beethoven" veröffentlicht, die sich in Paris wie geschnitten Brot verkauft und eine echte Beethoven-Begeisterung ausgelöst hat. Mit seinem Roman „Jean-Christophe" versetzt er Beethoven in die moderne Welt. 1915 erhält er dafür den Literaturnobelpreis.

Beethovens Musik spielt auch bei anderen Literaten eine Rolle, z.B. bei den folgenden:

Leo Tolstois Erzählung „Kreutzersonate" (1889) verdankt ihren Titel einer Beethovenschen Violinsonate. Rechts die Ausgabe vom Diogenes Verlag.

In Marcel Prousts „Recherche du temps perdu" (1913 bis 1927 erschienen) zeigt Baron de Charlus eine besondere Vorliebe für Beethovens Streichquartette.

Im „Doktor Faustus"
(1947) von Thomas
Mann hält der Organist
Wendel Kretzschmar
Vorträge über Beethoven, besonders über
dessen Spätwerk.

In Aldous Huxleys Roman
„Point Counter Point" (1928)
lässt sich Maurice Spandrell zur
Musik von Beethovens Streichquartett op. 132 ermorden.

Charles Bukowski hat eine besondere
Beziehung zu Beethoven, den er auch
„The Bee" nennt. Immer wieder beschäftigt er sich in seinen Gedichten mit
Beethoven. In manchen davon taucht
der Komponist schon im Titel auf: „Bee's
5th", „L. Beethoven, Half-Back", „Ya
know, Beethoven Conducted His Last
Symphonie While Almost Totally
Deaf", „Note Upon The Love
Letters of Beethoven".

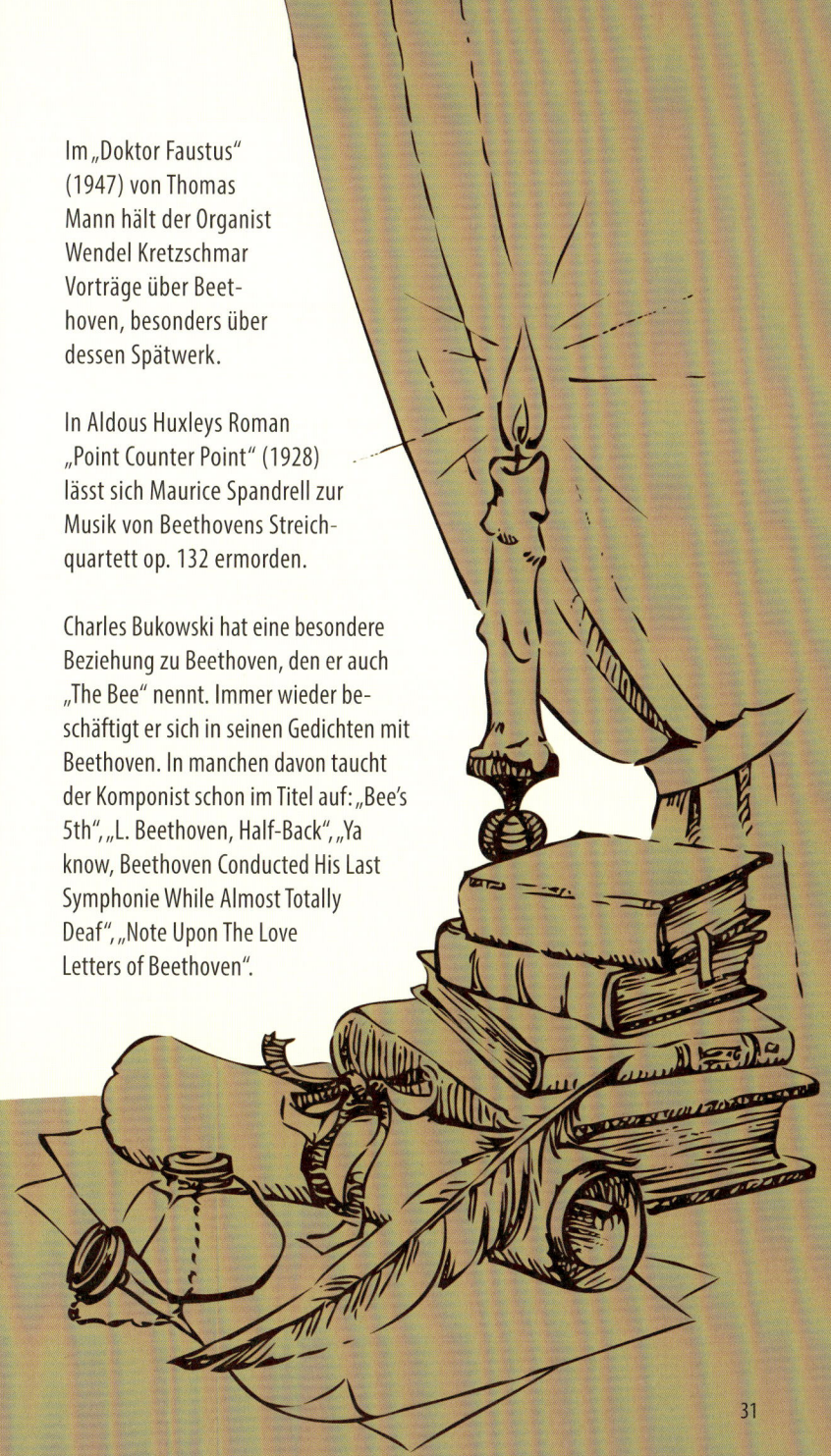

All Men Shall Be Brothers Of Ludwig

Beethoven als „the world's first rock star", Beethoven als Punk-Vorbild, Beethoven als früher Heavy-Metal-Musiker. Während andere klassische Komponisten bei Nicht-Klassik-Fans für Langeweile sorgen, haben z.B. Metal-Hörer und -Musiker keine Schwierigkeiten, sich mit Beethoven zu verbrüdern. Coverversionen von Beethoven-Kompositionen finden sich quer durch die Musikstile. Eine Auswahl.

Chuck Berry bei einem Konzert in Frankreich 1987

★ Der Startpunkt ist gar kein Cover: Chuck Berrys Song „Roll over Beethoven" von 1956 möchte klassische Musik mit Rock'n'Roll überrollen. Die Beatles covern Chuck Berrys Song 1963.
Noch 1988 wird „Roll over Beethoven" in China aus den Radio-Playlists gestrichen, weil der Song als Respektlosigkeit gegenüber dem in China verehrten Beethoven empfunden wird.

Beethoven als Rockstar, Reproduktion nach einer Karikatur von Franz Eder

★ Die Krautrock-Formation Staff Carpenborg and The Electric Corona zitiert Beethoven auf dem Album „Fantastic Party" von 1970 (Untertitel „Die Tanzplatte für heiße Stunden"). Der Song heißt „All Men Shall Be Brothers Of Ludwig". Er startet mit einem Zitat von Beethovens fünfter Sinfonie, danach geht es improvisatorisch weiter. E-Gitarre und E-Orgel greifen das Anfangsmotiv der Fünften zwischendurch wieder auf.

★ Der Song „Dragon's Walk" auf dem Album „First Key" (1973) der Progressive-Rock-Gruppe Amos Key beginnt mit einer Spieluhr, die „Für Elise" spielt.

★ 1976 ist Walter Murphy mit einer Diskoversion von Beethovens fünfter Sinfonie erfolgreich. Das Stück heißt „A Fifth of Beethoven".

★ Münchener Freiheit, Album „Freiheit live": Im Track „Beethovens 5" gibt es ein anderthalb Minuten langes Band-Arrangement der Fünften.

★ Heavenly spielen die „Ode an die Freude" in einer Metal-Version auf ihrem Album „Carpe Diem" (2009).

⭐ Das Album „Moonlight Sonata" (2012) von The Human Abstract besteht aus einem Progressive-Metal-Cover aller drei Sätze der „Mondschein-Sonate", was erstaunlich gut funktioniert.

⭐ Den dritten Satz der „Mondschein-Sonate" spielt sehr virtuos auch der E-Gitarrist Dr. Viossy. Und die kalifornische Thrash-Metal-Band Exmortus spielt den Satz ebenfalls, auf dem Album „Slave To The Sword" von 2014. Man kann also sagen: ein beliebter Metal-Song, dieser Beethoven-Satz. Auf dem Album „Ride forth" (2016) spielen Exmortus außerdem ein Cover des dritten Satzes von Beethovens „Appassionata"-Sonate.

⭐ Die Metal-Band Accept trat beim Wacken-Festival 2017 zusammen mit einem Orchester auf und spielte Coverversionen von Beethovens „Pathétique" und des Scherzos aus der neunten Sinfonie. Beide Cover finden sich auf dem Album „Symphonic Terror" von 2018.

Jazz und Beethoven

Beethoven, der erste Rockstar. Bach, der erste Jazzmusiker. Auf diese Rollenverteilung können sich viele Musiker einigen. So wird Beethoven dann auch viel seltener verjazzt als Bach – seltener, aber nicht nie.

Der Jazzmusiker Dieter Ilg tut es mit seinem Trio, und es funktioniert sehr gut. Pianist Marcus Schinkel, ebenfalls Beethoven-Verjazzer, spekuliert: Würde Beethoven heute noch leben, dann wäre er wohl Jazzpianist. Auch Helge Schneider, u.a. begnadeter Jazzmusiker, hat ein besonderes Verhältnis zu Beethoven – bekannt ist z.B. sein Auftritt bei RTL in den 1990er Jahren, bei dem er die „Mondschein-Sonate" anspielt, und in „Mendy das Wusical" kommt „Ludwig van" als mythisches Idol vor. Jazzlegende Keith Jarrett nennt Beethoven seinen Improvisationslehrer.

Bei Bach ist es die Struktur der Musik, die Jazzmusiker anspricht: Bachs Umgang mit Akkorden, die formalen Einheiten, die manchmal so ähnlich sind wie die Leadsheets der Jazzer. Bei Beethoven ist es etwas anderes. Seine Kompositionen haben oft etwas Improvisatorisches. Und das kommt nicht von ungefähr.

Bekannt wird Beethoven in Wien erst mal nicht mit Sinfonien oder Klaviersonaten, sondern mit Improvisationen am Klavier, die so schön sind, dass mancher Zuhörer in vernehmliches Schluchzen ausbricht. Beethoven soll irritiert gewesen sein. Konzertmitschnitte sind leider nicht erhalten, ein Mangel, den schon ein Zeitgenosse Beethovens bedauert: Wehmütig denkt er an dessen Improvisationen, „die leider kein Zaubermittel festhalten konnte". Die Zaubermittel werden erst später erfunden. Aber an vielen Stellen in Beethovens Musik gibt es etwas, das den Improvisator spüren lässt.

Impro-Battle

Außer mit Rock, Metal, Punk und Jazz hat Beethoven auch eine entfernte Gemeinsamkeit mit dem Rap. Battle-Rap. Nur ohne Sprache. Der junge Beethoven tritt zu Improvisationswettbewerben mit Kontrahenten an und lässt sie in der Regel alt aussehen.

Z.B. den Pianisten Joseph Gelinek. Er werde seinen Gegner „zusammenhauen", kündigt Gelinek im Vorfeld an. Es kommt anders, und Gelinek erklärt es sich hinterher so, dass der Teufel in dem jungen Pianisten namens Beethoven stecken müsse. Auch der Pianist Daniel Steibelt hat die Rechnung ohne den Wirt gemacht, als er sich auf ein Improvisationsduell mit Beethoven einlässt. Beethoven düpiert ihn zusätzlich, indem er als Grundlage seiner Improvisation die Noten einer herumliegenden Steibelt-Komposition verkehrtherum aufs Notenpult klatscht und darüber improvisiert. Wer Steibelt hernach einladen will, muss ihm garantieren, dass Beethoven nicht da ist. Einen Pianisten namens Friedrich Himmel, der schon dabei ist zu improvisieren, unterbricht der noch gut hörende Beethoven mit der Frage, wann er denn anzufangen gedenke, was Himmel verständlicherweise auf die Palme bringt und in gegenseitige Beleidigungen mündet.

Ein populärer Irrtum ist übrigens, dass Improvisationen immer völlig unvorbereitet sind. Selbst Beethoven überlegt sich zuweilen vorher etwas und notiert sich seine Ideen. Und manchmal herrscht auch kreative Ebbe. Dann – so berichtet Louis Girod, Baron de Trémont – hört er auf und sagt zu seinen Zuhörern: „Es fällt mir nichts ein, lassen wir es diesmal."

Dr. Jekyll und Mr. Hyde

Oder eher Mr. Hyde und Dr. Jekyll. Immer wieder zeigt sich Beethoven aufbrausend, beleidigt seine Umwelt, gerne auch per Brief – um danach sehr herzlich und freundlich zu werden und für die verteilten Beleidigungen um Entschuldigung zu bitten.

Nachdem zum Beispiel sein Klavierschüler Carl Czerny in Beethovens Gegenwart eine von dessen Kompositionen am Klavier gespielt und sich dabei etwas zu viele Freiheiten genommen hat, macht Beethoven Czerny vor den Zuhörern zur Schnecke. Am nächsten Tag schreibt er an Czerny: „Ich platzte gestern so heraus, es war mir sehr leid, als es geschehen war [...]". Er lobt Czernys Spiel, kündigt an, seine Tirade wieder gut zu machen und unterschreibt als „Ihr wahrer Freund Beethoven."

Bei anderer Gelegenheit schreibt Beethoven/Mr. Hyde an einen Freund: „Komme Er nicht mehr zu mir! Er ist ein falscher Hund und falsche Hunde hole der Schinder." Einen Tag später hat wieder Beethoven/Dr. Jekyll Oberwasser: „Herzens Natzerl! Du bist ein ehrlicher Kerl und hattest Recht, das sehe ich ein; komm also diesen Nachmittag zu mir, Du findest auch den Schuppanzigh und wir Beide wollen dich rüffeln, knüffeln und schütteln, daß du deine Freude d'ran haben sollst. Dich küßt Dein Beethoven auch Mehlschöberl genannt."

Populärer Irrtum

Beethoven war mit 30 taub wie eine Beethovenmaus

Beethoven: Das ist auch seine Taubheit. Wer sich künstlerisch, humoristisch oder sonstwie mit Beethoven auseinandersetzt, kommt daran nicht vorbei.

Victor Hugo versucht es positiv zu sehen: Weil Beethoven taub war, konnte er Musik schreiben, die auch im übertragenen Sinne „unerhört" war. Mauricio Kagel verzerrt Beethovenkompositionen in seinem Film „Ludwig van" so, dass sie klingen, wie sie für einen Schwerhörigen klingen mögen. Jazzpianist Marcus Schinkel baut in seinen Beethoven-Jazz-Nummern schon mal hohe Synthesizer-Töne ein, um Beethovens Tinnitus erlebbar zu machen. In einer Folge des ZDF-Formats „Sketchhistory" schiebt Beethoven seine Taubheit vor, wenn unangenehme Themen wie z.B. Rechnungen zur Sprache kommen. Und Forscher nennen Mäuse, die durch Genmanipulation schwerhörig geworden sind, „Beethovenmäuse". Nicht nur einer, sondern mehrere populäre Irrtümer sind indes über Beethovens Gehörleiden im Umlauf.

Populärer Irrtum 1:

„Never let anyone tell you what you can or cannot do. Just look at Beethoven. Everyone told him he would never be a musician, just because he was deaf. But did he listen?"

Ohne eine Spaßbremse sein zu wollen: Dieser Mischung aus Lebensweisheit und Beethoven-Gag liegt der populäre Irrtum zugrunde, dass Beethoven schon sehr früh sehr taub gewesen sei. Richtig ist, dass Beethoven schon ein bekannter Komponist ist, als er wirklich taub wird. Zu seiner Zeit differenziert man nicht so genau zwischen „schwerhörig" und „taub". Wenn also von „taub" die Rede ist, heißt das nicht, dass Beethoven schon gar nichts mehr hört. Noch mit Anfang 40 kann er das Klavierspiel seines Schülers Carl Czerny präzise korrigieren. Mit Mitte 40 tritt er noch ein letztes Mal als Pianist auf. Da heißt es von einem Ohrenzeugen allerdings: „Er greift jetzt erstaunlich falsch." Mit 52 wird Beethoven bei Proben zu seiner Oper „Fidelio" klar, dass er nicht mehr genug hört, um dirigieren zu können. 1824 dann, drei Jahre vor seinem Tod, – die neunte Sinfonie ist gerade mit ihm als Show-Dirigenten und einem anderen, echten Dirigenten aufgeführt worden – hört er nicht einmal mehr den Applaus. Der Arzt und Medizinhistoriker Hans Schadewaldt glaubt aber, dass Beethoven bis zum Schluss „ein kleiner Rest Hörfähigkeit" auf dem linken Ohr geblieben ist.

Populärer Irrtum 2:

Das mit der Taubheit war deswegen so schlimm für Beethoven, weil er Komponist war.

Erste Probleme mit den Ohren bemerkt Beethoven, bevor er 30 ist. Mit 30 berichtet er seinem Bonner Freund Franz Gerhard Wegeler per Brief von dem Problem. Der Hals-Nasen-Ohrenarzt und Klinikdirektor Hans-Peter Zenner hat Beethovens Schilderung seiner Symptome 2002 mit modernen Diagnosen (in eckigen Klammern) versehen:

„Der neidische Dämon hat meiner Gesundheit einen schlimmen Streich gespielt, nämlich mein Gehör ist seit drei Jahren immer schwächer geworden [Schwerhörigkeit] ... nur meine Ohren, die sausen und brausen Tag und Nacht fort [Tinnitus] ... Ich bringe mein Leben elend zu. Seit zwei Jahren meide ich alle Gesellschaften, weils mir nicht möglich ist, den Leuten zu sagen, ich bin taub. Hätte ich irgend ein anderes Fach so gings noch eher, aber in meinem Fach ist es ein schrecklicher Zustand ... Die hohen Töne von Instrumenten und Singstimmen höre ich nicht [Hochtonverlust], wenn ich etwas weit weg bin, auch die Bläser im Orchester nicht. Manchmal auch hör ich den Redner, der leise spricht, wohl, aber die Worte nicht [Sprachverständlichkeitsverlust], und doch, sobald jemand schreit, ist es mir unausstehlich [Hyperakusis]."

Dass er als Musiker ausgerechnet dieses gesundheitliche Problem hat, ist für Beethoven aber dann doch nicht das Schlimmste. Viel schlimmer ist das Zwischenmenschliche. In einem Brief an einen anderen Freund deckt Beethoven den späteren populären Irrtum selbst auf: „bey meinem spiel und Komposition macht mir mein Üebel noch am wenigsten, nur am meisten im Umgang". Beethoven läuft von einem Arzt zum andern und lässt medizinische Behandlungen über sich ergehen, die mehr Quälerei als gesundheitsfördernde Maßnahmen sind. In den verschiedenen Stadien der Krankheit findet er aber unterschiedliche Mittel mit ihr umzugehen. Zunächst versucht er die Schwerhörigkeit zu überspielen, schiebt es auf seine Zerstreutheit, wenn er etwas nicht verstanden hat. Sein Umfeld bemüht sich taktvoll, lauter und deutlicher zu sprechen. Als es schlimmer wird und sich nichts mehr überspielen lässt, benutzt er ein Hörrohr – gebaut von Metronom-Erfinder Johann Mälzel – und verwendet „Konversationshefte", in die die Gesprächspartner ihre Fragen und Antworten schreiben. Was Beethoven selbst antwortet, steht meistens nicht drin, die Gesprächspartner hören ja gut. Trotzdem: Man kann sich vorstellen, dass die Hefte sehr wertvolle Quellen sind. (So wertvoll, dass sie schon mal geklaut worden sind. Aber das ist eine andere Geschichte.)

Noch eine andere Idee hat Beethoven. Ein dünner Holzstab wird am Flügel befestigt, das andere Ende nimmt Beethoven zwischen die Zähne. So können Vibrationen vom Instrument über das Holz und die sogenannte Knochenleitung übertragen werden. Hörgeräte funktionieren nach ähnlichem Prinzip. Seinem Wunsch entsprechend, ist Beethoven obduziert worden. Es sollte herausgefunden werden, warum er taub geworden ist. Man hat das Obduktionsprotokoll interpretiert und sogar Fragmente von Beethovens Schädelknochen untersucht, die 1863 bei einer Exhumierung in Privatbesitz geraten und schließlich bei Medizinern gelandet waren. Die Diagnose lautet: Otosklerose, eine Erkrankung eines Knochens am Innenohr. Heute kann man das operieren.

Populärer Irrtum 3:

Beethoven war der einzige schwerhörige Musiker
Ein Schwerhöriger kann kein Profimusiker sein, außer er heißt Ludwig van Beethoven. Stimmt gar nicht. Komponistenkollege Bedrich Smetana („Die Moldau") ertaubt zehn Jahre vor seinem Tod, komponiert aber weiter. Viele Orchestermusiker leiden auch heute unter Schwerhörigkeit, die Fortissimi gehen nicht spurlos an ihnen vorbei. Berufskrankheiten sind Schwerhörigkeit und Tinnitus auch unter Pop- und Rockmusikern: Eric Clapton, Phil Collins, Cher, Pete Townsend von The Who, Huey Lewis, Chris Marin von Coldplay und Sting sind ein paar von den bekanntesten Patienten.
Dann gibt es allerdings auch noch den kuriosen Fall des „japanischen Beethoven". Seit den 1990er Jahren lässt sich Mamoru Samuragochi als tauber Komponist vermarkten und ist damit jahrzehntelang erfolgreich. Während eines Interviews in Samuragochis Haus klingelt es an der Tür. Der taube Komponist steht auf, um zu öffnen. Die Journalistin wird ein wenig skeptisch. Damit nicht genug. Es meldet sich ein Komponist, der nachweist, Samuragochis Ghostwriter zu sein. Das Geschäftsmodell „tauber Komponist" ist damit erst mal hinfällig. Aber einer zweiten Karriere als blinder Maler steht eigentlich ja nichts im Wege.

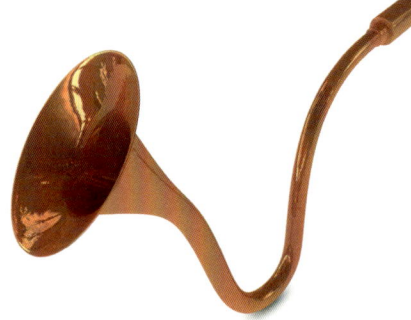

Populärer Irrtum 4:

Wenn Beethoven nicht taub gewesen wäre, wäre er gesund gewesen.
Schön wärs. In Wirklichkeit leidet Beethoven seit jungen Jahren an schlimmen Verdauungsbeschwerden, auch mit Fieber. Man vermutet heute eine chronische Bauchspeicheldrüsenentzündung. Hinzu kommt am Lebensende die Leberzirrhose, an der Beethoven stirbt.

Beethoven war immer schlecht gelaunt

Dass er als wankelmütig und oft übellaunig rüberkommt, weiß Beethoven selbst. Und er sieht sich veranlasst zu erklären, dass in ihm „Menschenliebe und Neigung zum Wohlthun hausen", auch wenn es vielleicht nicht so aussieht. Er leidet unter der sozialen Isolation, die die Schwerhörigkeit mit sich bringt. Schon als er knapp über 30 ist, schreibt er an seinen Freund Wegeler: „ich habe schon oft den schöpfer und mein daseyn verflucht." Und ein Jahr später, im berühmt gewordenen „Heiligenstädter Testament" von 1802 (er lebt nach diesem „Testament" zum Glück noch ein Vierteljahrhundert), schreibt Beethoven sogar: „es fehlte wenig, und ich endigte selbst mein Leben." Man versteht Beethovens grimmige, ernste wie entschlossene Miene auf den Porträts. Dass er immer ernst, tendenziell schlecht drauf und ungesellig gewesen und so schon auf die Welt gekommen ist, ist aber ein Irrtum.

Als Kind spielt Ludwig mit den Nachbarskindern, die aus dieser Zeit lustige Begebenheiten erzählen. Trotz der Strenge seines Vaters probiert er am Klavier herum, gibt dem Spieltrieb nach und improvisiert. Beethoven hat mehrere langjährige Freunde, denen er sich mitteilt. In Wien geht er gerne ins Kaffeehaus, auch um, wie berichtet wird, „mit Freunden zu conversiren". Klavierschüler Czerny berichtet vom „herzlichsten Wohlwollen", mit dem ihm Beethoven begegnet. Und Beethoven zeigt sich sehr zugewandt, wenn jemand seine Hilfe braucht. Seinem Klavierschüler Ferdinand Ries schickt er Geld, weil er merkt, dass der knapp bei Kasse ist. Wiederhaben will er es später nicht. Als ein Kind der Baronin Dorothea Ertmann gestorben ist, kommt

Beethoven vorbei, setzt sich ans Klavier und improvisiert lange. „Man glaubte Engelschöre zu hören, welche den Einzug meines Kindes in die höhren Sphären feierten", soll sich die Baronin später erinnert haben. Nach dem Spielen steht er auf, drückt ihr die Hand und geht wieder.

Und Beethoven kann lustig sein, Spezialität: lustige Anreden. Freunde spricht er brieflich gerne als „Lumpenkerl" an. Den Hofsekretär Nikolaus Freiherr von Zmeskall nennt er „seine des Herrn von Zmeskall Zmeskallität". Berühmt ist seine (heute nicht mehr nachweisbare) Antwort auf eine Nachricht seines Bruders, die mit „Johann van Beethoven, Gutsbesitzer" versehen war: „Ludwig van Beethoven, Hirnbesitzer". Über den erzherzoglichen Kammerherrn Freiherr von Schweiger macht er sich lustig, weil er turnt.

Vielleicht ist es so abwegig nicht, dass der Künstler Ottmar Hörl seine Beethoven-Statuen zum Beethovenjahr 2020 lächeln lässt. Hörl möchte, erklärt er selbst, Beethoven als Frohnatur darstellen, war sich aber nicht sicher, „ob man ihn überhaupt noch erkennen würde". Die Statuen verkaufen sich gut. Ein paar sind sogar schon geklaut worden.

Beethoven hat nur geniale Werke komponiert

Dass ein Komponist vom Formate Ludwig van Beethovens nur geniale und ernsthafte Werke hinterlässt, ist ein weiterer populärer Irrtum.

Wer Beweise möchte, höre sich die Jugendwerke „An einen Säugling" und „Elegie auf den Tod eines Pudels" an, oder auch spätere Stücke wie „Schenk' ein, mein guter Junge" und den Kanon „Bester Magistrat, ihr friert". Mit seiner Komposition „Lob auf den Dicken" veralbert Beethoven den Geiger Ignaz Schuppanzigh, ein Freund, der von erheblicher Leibesfülle gewesen sein muss. Für seinen Arzt scheibt Beethoven 1825 aus Dankbarkeit, weil es ihm gesundheitlich besser geht, einen Kanon mit dem Text „Doktor sperrt das Tor dem Tod, Note hilft auch gegen Not".
Außerdem komponiert Beethoven auf Bestellung, zum Beispiel als der Neubau des Josephstädter Theaters in Wien eröffnet wird. Für den Wiener Kongress 1814 schreibt er eine Kantate, die einem heute etwas oberflächlich vorkommt. Das ein Jahr zuvor aufgeführte Beethoven-Stück „Wellingtons Sieg oder die Schlacht bei Vittoria", heute nicht besonders bekannt, ist damals deutlich beliebter als manche Sinfonie Beethovens.

Ein Genie braucht keine Lehrbücher

Beethoven kann es nicht einfach irgendwie. Er hat sein Handwerk gelernt, und zwar gründlich. Und er arbeitet lebenslang an sich. Sich Beethoven als ein Genie vorzustellen, das keine Lehrer und keine Muster braucht, ist noch ein populärer Irrtum.

Beethoven hat Glück mit seinem ersten Lehrer in Bonn, dem vielseitigen Musiker Christian Gottlob Neefe, und gerät danach an hochkarätige Kompositionslehrer der Zeit, unter ihnen Haydn und Salieri. Als Jugendlicher übt er Tag und Nacht am Instrument. Strengen Unterricht hält er als Erwachsener dann selbst für notwendig. Über seinen Konkurrenten Rossini soll er gesagt haben, dessen Problem sei, dass seine Lehrer ihn nicht genug verhauen hätten.
Wenn er selbst Klavierschüler unterrichtet (was er nicht gerne macht), legt er großen Wert darauf, dass sie fleißig Tonleitern üben. Carl Czerny ist einer von ihnen. Dass er sich das mit den Tonleitern seinerseits zu Herzen nimmt, haben Generationen von Klavierspielern zu spüren bekommen. Denn Czerny schreibt Etüden. Viele Etüden.
Zurück zu Beethoven. Der geht nicht nur zu Lehrern und übt viel. Er besorgt sich außerdem Lehrbücher, schreibt für sich ganze Passagen daraus ab und macht im Gespräch mit einem Schüler auch keinen Hehl daraus, dass manches von dem, „was dem Unkundigen als Genie" erscheint, in Wirklichkeit „Schablone" ist.
In späteren Jahren interessiert er sich besonders für Musik früherer Zeiten. Er besorgt sich Werke von Johann Sebastian Bach, schreibt Fugen von ihm ab. Dann komponiert er selbst welche. Und was für welche! Gelernt ist gelernt.

Beethoven beim Spaziergang in der Natur, Reproduktion eines Gemäldes von Julius Schmid

Spazieren und komponieren

Komponisten hat man früher „Tonsetzer" genannt – Beethoven versteht sich als „Tondichter". Er soll gesagt haben, dass er sich beim Komponieren oft etwas Bestimmtes vorgestellt habe, eine Situation vielleicht, irgendeine Art von Idee jedenfalls. Seine Kompositionen entwickelt er dann als Großprojekte. Macht erst mal Pläne und Skizzen. Er weiß um die Vorteile von Bewegung an der frischen Luft und geht oft spazieren. Ideen schreibt er sich draußen, an Ort und Stelle, ins Notizbuch, ungefiltert, ohne Anspruch auf Genialität. Manchmal arbeitet er jahrelang an einem Werk. An der Neunten sitzt er z.B. vier Jahre. Immer wieder wird er auch durch gesundheitliche Probleme aufgehalten. Kein Wunder jedenfalls, dass er deutlich weniger komponiert als Haydn und Mozart. Musikwissenschaftler Werner Keil liefert die Statistik dazu: Haydn schreibt ca. 17 Kompositionen pro Jahr, Mozart 21, Beethoven durchschnittlich aber nur zwischen fünf und sechs.

Manchmal geht es aber auch ganz schnell mit dem Komponieren. Einen Kanon wie „Bester Magistrat, ihr friert" schreibt er in ein paar Minuten. Manche Komposition wird erst kurz vor der Aufführung fertig, gelegentlich bleibt kaum mehr Zeit zum Proben. Mit der Sonate op. 17 für Klavier und Horn soll er am Abend vor dem Konzert überhaupt erst angefangen haben. Aufschieberitis macht auch vor Tondichtern nicht halt.

Das Vier-Stunden-Konzert.
Im Winter. Ohne Heizung.

Mit dem Zusatz „Marathon" werden heute gerne Konzertformate versehen, die über den üblichen zeitlichen Rahmen hinausgehen. Ein „Beethoven-Marathon" steht z.B. am Anfang des großen Beethoven-Jubiläumsjahrs, 2020. U.a. spielt das Beethoven Orchester Bonn an einem Tag alle neun Sinfonien des Komponisten. Den allerersten Beethoven-Marathon veranstaltet allerdings: Beethoven.

Zu seiner Zeit laufen Konzerte anders ab als heute. Geradezu chaotisch sind die Konzertprogramme, wenn man sie mit heutigen Klassik-Konzerten vergleicht. Die Sätze einer Sinfonie können auf verschiedene Blöcke im Programm verteilt sein. Sie wechseln sich ab mit Gedicht-Rezitationen, Kammermusik, Gesangsnummern und Potpourris. Das Ganze dauert länger als heute. Am 22. Dezember 1808 aber, also zwei Tage vor Heiligabend, ist für viele im Publikum die Schmerzgrenze überschritten.
Was gäbe man dafür, dabei gewesen zu sein bei dem Konzert! Es erklingen ausschließlich Beethoven-Werke: zwei neue Sinfonien – die fünfte und die sechste –, eines der Klavierkonzerte mit Beethoven als Pianist, Auszüge aus seiner C-Dur-Messe, eine Sopran-Arie und die sogenannte „Chorfantasie" (mit Chor, Orchester und Klavier), außerdem improvisiert Beethoven am Klavier. Und das Publikum leidet.
Alle frieren, weil es tiefer Winter ist und das Theater nicht geheizt. Das Orchester ist unterprobt und spielt die komplexe Musik nicht wirklich gut. Der Sopranistin, einer unerfahrenen Sängerin, die eingesprungen ist, flattert vernehmlich das Hemd. Bei der „Chorfantasie" muss Dirigent Beethoven abbrechen und von vorne beginnen lassen. Vier Stunden dauert das Konzert. Man muss die Leute verstehen, dass sie die Größe der Fünften noch nicht erkennen. Sie wollen einfach nur nach Hause.

Will Beethoven stop Hitler?

„Sie kann genauso gut vor Guten wie vor Bösen aufgeführt werden", sagte einst der Komponist Hanns Eisler über Beethovens Musik. Und tatsächlich: Demokraten haben sie für sich beansprucht und Nazis. Kriegsgegner sind sicher gewesen, Beethoven jeweils auf ihrer Seite zu haben. Jeder hört seine Ideale im Titanischen und im Menschlichen von Beethovens Musik. Eine kleine Auswahl.

Schon 1846 hat Richard Wagner in Dresden die Neunte dirigiert. Am **1. April 1849** dirigiert er sie wieder, mitten in der Zeit der Revolution. „Alle Menschen werden Brüder" – es ist klar, was Wagner hier durch Beethoven sagt. Denn Wagner ist selbst in der Revolution aktiv. Einen guten Monat später, am 3. Mai 1849, brechen die Straßenkämpfe aus, die als „Dresdener Maiaufstand" in die Geschichtsbücher eingehen. Viele Tote gibt es auf Seiten der Aufständischen, Verluste haben auch die preußischen Truppen zu beklagen, die die Revolution niederschlagen. Wagner, per Steckbrief gesucht, flieht in die Schweiz.

1892. Auftritt eines weiteren politisch aktiven Dirigenten. Die Rede ist von Hans Freiherr von Bülow. (Dessen Ehefrau Cosima ein Verhältnis mit Richard Wagner hat, aber das nur am Rande.) (Und Cosimas Vater heißt Franz Liszt.) (Das ist aber wirklich Klugscheißerei.) Nachdem er Beethovens Dritte dirigiert hat, dreht er sich zum Konzertpublikum um und hält eine Ansprache. Beethoven wäre wohl nicht so ganz einverstanden gewesen mit dem, was von Bülow verkündet: „Das ist gegenüber der Freiheit, Gleichheit und Brüderlichkeit die positive Devise: Infanterie, Cavallerie und Artillerie!" Als er die Sinfonie dem beim Kaiser in Ungnade gefallenen Otto von Bismarck widmet und den so Geehrten als „Bruder Beethovens" und „Beethoven der deutschen Politik" bezeichnet, brechen im Publikum Tumulte aus. Für manche aber heißt die Dritte fortan „Bismarck-Sinfonie".

Anfang des 20. Jahrhunderts wird Beethovens Neunte zu einem Symbol in der Arbeiterbewegung. Als die Sinfonie 1905 in einem Berliner Brauereisaal vor Arbeitern aufgeführt wird, stellt Kurt Eisner, später wichtiger Akteur in der Novemberrevolution von 1918, die Verbindung zwischen seinem politischen Programm und der „Ode an die Freude" her: „In dem gewaltigen Klassenkampf des Proletariats glüht der Götterfunke der Freude", sagt er. Am **Silvesterabend 1918** veranstaltet das Allgemeine Arbeiter-Bildungs-Institut in Leipzig eine Aufführung der Neunten. Die Tradition setzt sich fort, in der Weimarer Republik und darüber hinaus. Man versucht, die Aufführung so beginnen zu lassen, dass der Chor genau zum Jahreswechsel erklingt: die „Ode an die Freude" als guter Vorsatz für das Neue Jahr.

Zur Selbstinszenierung des nationalsozialistischen Regimes gehört Beethoven als ein Inbegriff „deutscher Kultur". Seine Kompositionen werden oft aufgeführt, seine Sinfonien, aber auch seine Oper „Fidelio". Das Radio sendet in den 1930ern Beethoven-Zyklen als „Kulturleistung des nationalsozialistischen Rundfunks". Ein „Beethovenfest der Hitlerjugend" wird veranstaltet. Und als Hitler am **1. August 1936** die Olympischen Sommerspiele in Berlin eröffnet, erklingt die „Ode an die Freunde". Es sollen mal wieder alle Menschen Brüder werden, angeblich. Beethoven ist zweimal exhumiert worden, jetzt dreht er sich im Grabe um. Thomas Mann hat es 1945 mit Blick vor allem auf den Fidelio so formuliert: „Es war ein Skandal, daß er [Fidelio] nicht verboten war, sondern daß es hochkultivierte Aufführungen davon gab, daß sich Sänger fanden, ihn zu singen, Musiker, ihn zu spielen, ein Publikum, ihm zu lauschen. Denn welchen Stumpfsinn brauchte es, in Himmlers Deutschland den ‚Fidelio' zu hören, ohne das Gesicht mit den Händen zu bedecken und aus dem Saal zu stürzen!"

Die Frage steht auf dem Cover des Musikmagazins „The Etude", Ausgabe **September 1941**: „Will Beethoven stop Hitler?" Beethoven, den die Nationalsozialisten als einen der „deutschen Meister" feiern, auf Seiten der Alliierten? Ja. Zwar ist Beethoven Deutscher, aber noch mehr gilt er als Anhänger von *liberté, égalité* und *fraternité*, und im Zweiten Weltkrieg wird er zu einem Symbol des Widerstands gegen Nazi-Deutschland. Ta-ta-ta-taa, beziehungsweise kurz-kurz-kurz-lang, gespielt von einer Pauke, wird für Millionen von Radiohörern in Europa zum akustischen Signal dieses Widerstands, denn die BBC macht es zum Jingle für seine Kriegsneuigkeiten. Im Morse-Alphabeth steht „kurz-kurz-kurz-lang" für den Buchstaben „v" – „v" wie „victory". Als römische Zahl verstanden, passt es auch: Beethovens V.

19. April 1942. Vorabend eines Nazi-Feiertags: Am 20. April hat der „Führer" Geburtstag. Tags zuvor gibt es eine „Feierstunde" der NSDAP. Links und rechts der Bühne hängen die Banner mit den riesigen Hakenkreuzen drauf. Auf der Bühne: ein Orchester, ein Chor, Dirigent Wilhelm Furtwängler. Sie spielen Beethovens Neunte.

Wilhelm Furtwängler dirigiert die Berliner Philharmoniker in der Halle eines Berliner Rüstungsbetriebes.

Zu Beethovens 200. im Jahr **1970** schreibt DDR-Kulturminister Klaus Gysi (Vater übrigens eines später berühmten Politikers mit Vornamen Gregor): „Beethoven gehört uns." Er sieht Beethoven als ein Vorbild im Klassenkampf. Dem Staat, in dessen Hauptstadt Bonn der Komponist geboren wurde, „gehört" Beethoven dagegen nicht, wie SED-Politiker Willi Stoph deutlich macht: „Dieser Staat [...] steht in schroffem Gegensatz zu allem, was der Name und das Werk Beethovens bedeuten." Niemals würde ein brillanter Musiker wie Leonard Bernstein auf die Idee kommen, Besitzansprüche auf einen Komponisten zu erheben. Seine Aufführungen der Neunten im Berlin des Jahres 1989 sind Symbole des Offenen und des Miteinanders. Anderthalb Monate nach dem Mauerfall dirigiert er Beethovens Sinfonie einmal in der Philharmonie West-Berlin, einmal in Ost-Berlin, im Schauspielhaus am Gendarmenmarkt. In Bernsteins Orchester sitzen außer den deutschen Musikern auch solche aus Paris, London, New York und dem heutigen Sankt Petersburg. Und Bernstein lässt für den besonderen Anlass den Text der „Ode" ändern: Überall dort, wo in der Partitur „Freude" steht, singt der Chor „Freiheit". „Freiheit, schöner Götterfunken" – klingt auch ganz gut.

1967 hat die NATO bereits das „Freude, schöner Götterfunken" als Hymne gewählt. **1972** dann beschließt der Europarat, Beethovens „Ode an die Freude" zur Europahymne zu machen. Heute gehört sie zu den offiziellen Symbolen der EU. Als Instrumentalversion, wohlgemerkt. Keine Sprache soll bevorzugt werden, und die Esperanto-Fassung hat sich nicht durchsetzen können. Der Arrangeur der Instrumentalfassung ist Herbert von Karajan. 2019 erklingt Beethovens berühmtes Thema in einer Solo-Version im EU-Parlament: Der slowenische Abgeordnete Lojze Peterle spielt es zum Schluss der Legislaturperiode auf der Mundharmonika und rührt damit manche Kollegen zu Tränen. Wer es nachmachen möchte: In einem Youtube-Tutorial erklärt Peterle, wie es geht.

Hamburg, G20-Gipfel, **2017**. Gastgeberin Angela Merkel hat die Staats- und Regierungschefs und die Außenminister in die Elbphilharmonie eingeladen, die erst seit einem halben Jahr offen ist. Trump sitzt da, Macron, Putin kommt eine Viertelstunde später. Sie hören zu, wie Kent Nagano die Neunte dirigiert. Hinterher scheinen alle zufrieden. Jeder hat in der „Ode an die Freude" das gehört, was er wollte. Draußen liefern sich die Demonstranten schwere Auseinandersetzungen mit der Polizei. Ganz ohne Beethoven.

Populärer Irrtum

Beethoven war ein verkanntes Genie

Noch heute werden Sätze gedruckt wie dieser aus einem Buch von 2014: „Als am 26. März 1827 Beethovens letzte Stunde geschlagen hatte, war man sich seiner wahren Größe nicht bewusst." Dahinter steht der populäre Irrtum, dass Künstler grundsätzlich erst dann wertgeschätzt werden können, wenn sie schon eine Weile unter der Erde sind.

Beethoven war kein verkanntes Genie. Genie: ja. Verkannt: nein. Er wurde auch nicht in einer unwürdigen Zeremonie verscharrt, wie man sich das vielleicht vorstellen mag. Beethovens Beerdigung in Wien war eine Großveranstaltung. Die Schulen blieben geschlossen. Um die 20.000 Leute sollen dagewesen sein. Franz Schubert läuft als Fackelträger mit (und ist im Jahr darauf selbst dran).
Er habe das Zeug dazu, ein „zweiter Mozart" zu werden, sagt sein Lehrer schon über den vierzehnjährigen Beethoven. Und Beethoven kommt gut an, vor allem beim Adel. Von Bonn nach Wien kommt er als 22-Jähriger mit einem Stipendium des Kurfürsten Maximilian Franz. In Wien trifft er auf weitere adlige Förderer. Sie sind musikinteressiert, spielen oft selbst ein Instrument. Und sie erkennen früh Beethovens außergewöhnliche Begabung. Das lassen sie sich was kosten.
Beethoven ist etwas zwiegespalten. Als Sympathisant der französischen Revolution kann er seine adligen Gönner nicht uneingeschränkt gut finden. Andererseits braucht er als Freiberufler diese Kontakte. Und versteht sich oft sogar ziemlich gut mit den natürlichen Feinden der Revolution. Aber er lässt auch durchblicken: Schuldig bin ich euch nichts. Und was Besseres seid ihr

schon gar nicht. Sein Gönner Fürst von Lichnowsky muss sich anhören: „Fürst, was Sie sind, sind Sie durch Zufall und Geburt, was ich bin, bin ich durch mich; Fürsten hat es und wird es noch Tausende geben, Beethoven gibt's nur einen."
Als Beethoven in einem adligen Privatzirkel Klavier spielt und ein junger Adliger währenddessen ungeniert mit einer Dame konversiert, springt Beethoven vom Klavier auf und verkündet: „Für solche Schweine spiele ich nicht." Bei einer anderen Gelegenheit haut er direkt ab – sein Schüler Ferdinand Ries schildert die Situation, die sich bei einer musikalischen Abendunterhaltung zuträgt: „Als man zum Nachtessen ging, waren an dem Tische des Prinzen nur für hohe Adelige Gedecke bestimmt, also für Beethoven nicht. Er fuhr auf, sagte einige Derbheiten, nahm seinen Hut und ging." Beim nächsten Mal hat man für ihn direkt neben dem Gastgeber gedeckt.

Beethoven trifft Goethe

Beethoven und Goethe sind sich im böhmischen Nobel-Kurort Teplitz, in der Nähe von Prag, begegnet. Um das Treffen rankt sich eine Legende, die der Maler Carl Röhling 1887 in einem Bild dargestellt hat.

Als die beiden Urlauber sich im Sommer 1812 treffen, begegnen sich auch zwei unterschiedliche Vorstellungen davon, wie das gesellschaftliche Zusammenleben aussehen soll. Für Beethoven ist es selbstverständlich, als Nicht-Adliger dem Adel auf Augenhöhe zu begegnen, und von übertriebener Höflichkeit gegenüber Aristokraten hält er nicht viel. Goethe, 21 Jahre älter als Beethoven und selbst bereits in den Adelsstand erhoben, denkt noch im Sinne der alten Hierarchie. So jedenfalls stellt es die folgende Geschichte dar, die Bettina von Arnim erzählt:
Bei einem gemeinsamen Spaziergang kommt dem Dichter und dem Komponisten die österreichische Kaiserin Maria Ludovika Beatrix mit ihrem Hofstaat

Beethoven und Goethe in Teplitz, Gemälde von Ludwig Büchner nach einer Darstellung von Carl Röhling

entgegen. Auch sie erholt sich in Teplitz. Beethoven sieht nicht ein, warum er Platz machen sollte, und läuft geradeaus weiter, durch den Hofstaat hindurch. Goethe hingegen tritt zur Seite und zieht den Hut.
Auch wenn es sich theoretisch so zugetragen haben könnte – die Geschichte ist wohl erfunden, von einer allerdings, die mit Beethoven und Goethe befreundet ist. Verbürgt ist, wie sich die beiden Berühmtheiten nach ihrem Treffen einer über den anderen äußern. Beethoven schreibt: „Göthe behagt die Hofluft zu sehr." Und Goethe über Beethoven: Er habe „zwar gar nicht unrecht", wenn er „die Welt detestabel findet", aber dadurch mache er sie „weder für sich noch für andere genußreicher". Seine humorvolle Seite hat Beethoven dieses Mal wohl für sich behalten.

Der verhinderte Auswanderer

Beethoven kennt die französische Revolutionsmusik und greift manches davon in seinen eigenen Kompositionen auf. Kein Wunder, dass die dann wiederum in Frankreich beliebt werden. Beethovens Fünfte, hierzulande oft als „Schicksalssymphonie" interpretiert, hört man in Frankreich eher als patriotische Musik für Franzosen. Ein französisches Libretto hat als Vorlage für Beethovens Oper „Fidelio" gedient, und die Handlung ist eine Geschichte aus dem Umfeld der französischen Revolution. Beethoven weiß, dass seine Kompositionen in Frankreich gut ankommen. Gerade der „Fidelio" kann als regelrechte Bewerbung für eine Stelle in Paris aufgefasst werden.
Auch in London schätzt man Beethovens Werke. Er komponiert Variationen über „God save the King", die offizielle britische Hymne, und über „Rule Britannia", die

inoffizielle britische Hymne. Beide Hymnen zitiert er außerdem in „Wellingtons Sieg", jenem heute nicht mehr allzu bekannten Orchesterwerk, das den Sieg der Briten über Napoleon 1813 musikalisch darstellt. Im Sommer 1817 schreibt Beethoven: „Ich werde in der ersten Hälfte des Monats Januar 1818 spätestens in London sein." Zwei neue Sinfonien will er mitbringen.
Fünf Jahre später ist er immer noch in Wien und notiert: „Wäre ich nur in London, was wollte ich für die philharmonische Gesellschaft Alles schreiben!"
Die Neunte will er dieser Philharmonischen Gesellschaft in London widmen, und dediziert sie dann doch König Friedrich Wilhelm III. von Preußen.
Und dann liegt er auf dem Sterbebett und ist weder in Frankreich noch in London gewesen, in Amerika auch nicht, da hat er auch mal hingewollt. Er bittet London noch um finanzielle Unterstützung, und man schickt ihm Geld. Seine Zehnte, sagt Beethoven, will er dann endlich der Philharmonischen Gesellschaft in London widmen.

Beethoven selbst ist nicht weit herumgekommen. Briefmarken mit seinem Konterfei gab und gibt es aber überall auf der Welt.

Bei Duo Fen (贝多芬)

Die Geschichte von Beethoven und China zu erzählen heißt, eine kleine Geschichte der chinesischen Gesellschaft im 20. Jahrhundert zu erzählen.

Die Geschichte fängt im Jahr **1906** an. Li Shutong, ein Chinese, der in Japan studiert und sich dabei intensiver mit europäischer Kultur auseinandersetzt, schreibt für ein Musikmagazin einen Artikel über Beethoven: „The Sage of Music", betitelt er seinen Text. Der Weise der Musik. Sowas wie der Konfuzius der Töne. Es geht weniger um Beethovens Musik als um sein Leben und seinen Charakter: um den Kampf gegen Widrigkeiten, um die harte Arbeit, die Überwindung von Hindernissen.
Die chinesische Gesellschaft macht in der Zeit einiges mit. 1895 hat man den Krieg gegen Japan verloren. 1911 geht das jahrtausendealte Dynastie-System zu Ende. Die noch junge Republik ist instabil. Li Shutongs Text lesen nur ein paar Intellektuelle, aber die finden sich wieder in der Beschreibung von Beethovens Situation und sehen in diesem Beethoven ein moralisches Vorbild.

4. Mai 1919
Studentenproteste gegen die chinesische Regierung. Die Demonstranten fordern gesellschaftliche Veränderungen. Sie empfinden die eigene Kultur als defizitär, nehmen sich die westliche Kultur zum Vorbild. Und sie beschäftigen sich mit Beethoven.

1920er und 1930er Jahre
1927 erarbeitet der italienische Dirigent Mario Paci mit hauptsächlich nicht-chinesischen Musikern die Neunte und führt sie in Shanghai auf. 1936 folgt eine Aufführung mit einem chinesischen Orchester. In den 1930ern erscheinen, in chinesischer Übersetzung, Romain Rollands Beethoven-Biografie und der Zehnteiler „Jean-Christophe" (Jean-Christophe ist Rollands fiktive Version von Ludwig van).

1959
Wieder wird die Neunte aufgeführt, jetzt aber mit chinesischem Orchester und chinesischem Chor. Mao besucht in diesem Jahr höchstpersönlich eine Aufführung der Neunten. Doch man beginnt auch, sich von westlicher Kultur und deren in China bekanntesten Vertretern – z.B. Beethoven – zu distanzieren.

1966–1976
Mao startet die chinesische „Kulturrevolution". Die Kampagne richtet sich, außer allgemein gegen Maos politische Gegner, gegen alles, was dem Aufbau einer sozialistischen Gesellschaftsordnung im Wege steht. Das ist zum einen der chinesische Feudalismus, zum anderen die westliche Kultur. Man geht auf Distanz zu Konfuzius, den man als Denker des Feudalsystems ansieht. Und man distanziert sich von Beethoven, der jetzt als Repräsentant des westlichen Kapitalismus gilt. Der Kampf wird nicht nur mit Argumenten geführt. Es kommt zu Menschenrechtsverletzungen und politischen Morden. Musikstudenten werden in Umerziehungslager geschickt. Musiker, die vor der Revolution Beethoven gespielt haben, werden jetzt als Revolutionsfeinde verdächtigt. Es kommt zu Demütigungen, Exekutionen und Selbstmorden. Manche lassen sich eine Beethovenfrisur schneiden und treffen sich heimlich, um Platten mit Beethovens Musik zu hören.

Einmal mehr wird Beethovens Fünfte mit ihrem berühmten Anfangsmotiv zum Symbol. Die Sinfonie wird **1977** in Peking aufgeführt, übertragen im Radio und im Fernsehen, und alle wissen: Die „Kulturrevolution" mit ihren Repressalien und Grausamkeiten ist vorbei. Vorausgegangen sind eine vorsichtige Öffnung nach Westen und zugleich sowjetischer Einfluss auf China. Lenins Lieblingsstück: Die Klaviersonate „Appassionata" von Beethoven.

Beethoven-Denkmal in Tsingtau

Bis heute ist Beethoven der wohl meistgespielte Komponist in China. Und noch immer gilt er als ein moralisches Vorbild. Auf dieses Vorbild berufen sich auch die Studenten der Demokratiebewegung 1989. Bei ihren Protesten spielen sie Aufnahmen der „Ode an die Freude" ab. Die Erinnerung an das Tian'anmen-Massaker, in dem die Proteste blutig niedergeschlagen werden, wird in China auch zum 30. Jahrestag im Jahr 2019 noch totgeschwiegen.

Der französische Pianist Jacques Rouvier während der Eröffnungszeremonie der Chengdu Beethoven-Kulturwoche 2019

Big in Japan

DAIKU wird Beethovens Neunte in Japan genannt.

Wenn das Finale der Neunten erreicht ist, fangen 10.000 Chorsängerinnen und -sänger an zu singen. Es ist gut geprobt worden. Das Großereignis in Osaka wiederholt sich jährlich am ersten Sonntag im Dezember. Gesungen wird auf Deutsch, so wie damals im Jahr 1918, als die Neunte ihre Japan-Premiere feierte: Deutsche Kriegsgefangene führten die Sinfonie auf, in einer arrangierten Version, ohne Frauenstimmen. Die 10.000 Choristen zusammenzukriegen, ist übrigens kein Problem. Es gibt mehr Bewerbungen als Plätze.

Die „Ode an die Freude", eine der beiden Sinfonien Beethovens

Der Witz geht so: „Wie viele Sinfonien hat Beethoven komponiert?" – „Zwei!" – „Achja?! Welche denn?" – „Die Fünfte und die Neunte!" Die anderen sieben Sinfonien sind in der Tat weniger bekannt als diese beiden, die jedem was sagen. Aber mal ehrlich: Wer kennt die ersten drei Sätze der Neunten? Wenn man „die Neunte" sagt, dann meint man oft nur den vierten Satz, und daraus wiederum nur die „Ode an die Freude".

Absurd aus heutiger Sicht, dass ausgerechnet besagter vierter Satz, der die „Ode" beinhaltet, im 19. Jahrhundert oft weggelassen worden ist. Zu schwer für den Chor, zu wenig Zeit zum Proben – das sind bis zur Mitte des Jahrhunderts Gründe dafür, nur die Sätze eins bis drei der neunten Sinfonie zu spielen.

Beschwerden über die Tücken im vierten Satz der Neunten gibt es schon bei der Uraufführung. Eine der Solo-Sängerinnen beklagt sich über einen sehr hohen und schwer zu singenden Ton. Beethoven soll geantwortet haben: „Lerns nur! Wird schon kommen, die Note!"

Spätere Dirigenten der Neunten ändern eigenmächtig Details in der Partitur. Wagner machts, Mahler auch, Schönberg ebenso. „Retuschen", nennt man solche Eingriffe. Beethoven kann sich da schon nicht mehr wehren.

Die Länge der Neunten – mit allen vier Sätzen! – soll übrigens dafür verantwortlich sein, dass auf eine herkömmliche CD 74 Minuten passen. So lange dauert eine Aufnahme der Sinfonie, die der Dirigent Wilhelm Furtwängler 1951 eingespielt hat. Bei Sony soll man der Ansicht gewesen sein, dass man die Neunte in Furtwänglers Einspielung hören können soll, ohne die CD zu wechseln.

Beethoven was wrong

Beethovens Größe erkannte man schon zu seinen Lebzeiten, und hinterher sowieso. Das heißt allerdings nicht, dass man alles gut fand, was er machte. Gerade Komponistenkollegen und Musiker haben sich manchmal kritisch geäußert. Eine Auswahl von mehr oder weniger prominenten Beethoven-Kritikern:

Carl Maria von Weber (der mit dem „Freischütz") soll nach der Uraufführung von Beethovens siebter Sinfonie gesagt haben, der Komponist sei „reif fürs Irrenhaus". In späteren Kompositionen sieht er „nur ein verworrenes Chaos, ein unverständliches Ringen nach Neuheit".

Für **Louis Spohr,** ebenfalls Komponist, ist der vierte Satz von Beethovens Neunter „monströs und geschmacklos" und „so trivial [...], daß ich immer noch nicht begreifen kann, wie ihn ein Genius wie der Beethovensche niederschreiben konnte". Mit seiner Kritik am Finale der Neunten ist Spohr nicht alleine. Von „Geschrei" und „Kreischen" ist mit Blick auf den Chor-Part die Rede. Auch **Richard Wagner** äußert sich skeptisch über das Sinfonie-Finale, findet es „naiv". Und aus **Giuseppe Verdis** Sicht sind die Vokal-Partien in dem Satz „ganz schlecht gearbeitet".

Strawinski stört sich am „Weltschmerz" in Beethovens Kompositionen. An seinem Lebensende hört er sich dann allerdings immer wieder Beethovens späte Streichquartette an.

Giuseppe Verdi, 1813–1901   Richard Wagner, 1813–1883

Dem Pianisten **Glenn Gould** gefällt Beethovens Klaviersonate „Appassionata" nicht. Das hört man seiner Aufnahme des Stücks auch an. Gould besteht darauf, im Beiheft der Schallplatte darzulegen, warum das Stück nicht gut sei. Typisch für Gould übrigens, das Stück trotzdem aufzunehmen.
Dudley Moore, Pianist und Schauspieler, parodiert virtuos Beethovens manchmal sehr langen Schlussteile.
Lydia Goehr, amerikanische Philosophin, kritisiert 1992 Beethovens Musik überhaupt. Sie hört darin musikalische Macht- und Männlichkeitsgesten, kritisiert auch, dass Beethoven manches festlegt, was in früherer Musik die Interpretin oder der Interpret entscheiden konnte. Diversität komme zu kurz. Das „Beethoven-Paradigma", nennt sie das.
Vierzig Jahre vorher bemängelt Komponist **John Cage** die musikalische Zielstrebigkeit in Beethovens Werken, das Absichtsvolle und musikalisch „Logische". Cage selbst hat Affinitäten zum Zen-Buddhismus, komponiert musikalische Absichtslosigkeit. Beethoven habe, so Cage, Generationen nachfolgender Komponisten „in die Irre geführt" und sich „lähmend auf die Tonkunst ausgewirkt". Sein Fazit im englischen O-Ton: „Beethoven was wrong". Als Kürzel „BWW" wird Cages Ausspruch später titelgebend für eine amerikanische Radiosendung, in der man sich mit zeitgenössischer Musik befasst.
Als eine Art Vermittlungsversuch zwischen Beethoven und Cage könnte man Christopher DeLaurentis CD „Favorite Intermissions" von 2007 verstehen.
Zu hören gibt es Pausen vor, zwischen oder nach den musikalischen Darbietungen in klassischen Konzerten. Auch ein Beethoven-Werk bzw. die Pause danach ist vertreten. Vielleicht hätte das Cage, Komponist des berühmten Stücks „4'33", gefallen.

Der amerikanische Musiker und Künstler John Cage, 1912–1992

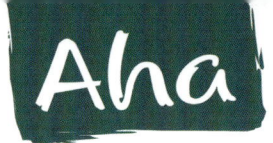

Was he black?

Nachbarsjunge Gottfried Fischer schreibt in seinen Erinnerungen an Beethoven, der habe eine „schwarzbraune Gesichts Farb" gehabt. Andere berichten: „Sein Haar war ganz dunkel". Von den Nachbarn wird der junge Beethoven laut Fischer „Spangol" genannt, sollte heißen: Spanier.

Fast bekommt man Mitleid mit den nationalsozialistischen Rasseforschern, denen solche Details erhebliches Kopfzerbrechen bereitet haben. Sie mussten damit klarkommen, dass Beethoven nur „spärliche nordische Züge" aufwies. Nicht leicht für nationalsozialistische Rasseforscher.
Mancher glaubt später, dass Beethoven über seine belgischen Vorfahren und die Kolonialgeschichte Belgiens afrikanische Wurzeln haben könnte. Terry Adkins hat das 2004 in seiner „Black Beethoven Series" künstlerisch aufgegriffen, und die südafrikanische Schriftstellerin und Nobelpreisträgerin Nadine Gordimer hat 2007 eine Sammlung von Kurzgeschichten veröffentlicht, die den Titel trägt: „Beethoven was One-Sixteenth Black". Man geht allerdings davon aus, dass das nicht stimmt. Auch eine andere Theorie hat wohl keinen Bestand: Schon zu Lebzeiten Beethovens stand in einem französischen Lexikon und danach auch im Brockhaus, der Komponist sei ein Sohn von König Friedrich Wilhelm II. Beethoven weiß davon, kümmert sich aber jahrelang nicht weiter darum.
Er stirbt übrigens in seiner Wohnung in der Schwarzspanierstraße 15.

Ludwig von Rübenhofen

Das „van"
Beethoven, der Demokrat, wünscht sich manchmal, selbst adlig zu sein. Doch nicht auf adlige, sondern auf seine flämische Herkunft weist das „van" hin. Großvater Ludwig van Beethoven der Ältere wurde in Mechelen geboren. Er war Sohn eines Bäckermeisters, wurde aber Musiker und ging als solcher nach Bonn, wo er es zum Hofkapellmeister brachte.

Schreibweisen
- Louis van Beethoven (französische Version, verwendet Beethoven selbst)
- Louis van Betthoven (so schreibt in sein Lehrer Neefe in Bonn)
- Luigi van Beethoven (italienische Version, auch die verwendet Beethoven selbst)
- lvBthvn (benutzt Beethoven mal im privaten Briefverkehr. Vergleiche auch das offizielle Logo zum Beethovenjahr)
- In China sind verschiedene Transliterationen von „Beethoven" im Umlauf. Doch zumeist hat sich „Bei Duo Fen" gegen kompliziertere Varianten wie „Pei De Hua Fen" durchgesetzt.

Bedeutung des Namens
Dazu gibt es mehrere Thesen.
1. „beet" steht für „Rübe" und „hoven" für Hof oder Garten. Der Name wäre eingedeutscht also so etwas wie „Ludwig von Rübenhofen".
2. Ludwig von der besseren Aue (beter = besser, ouwe = Aue)
3. Oder hat es was mit dem Schloss Betho im belgischen Tongeren zu tun?

Hat Schloss Betho im belgischen Tongeren etwas mit dem Namen des Komponisten zu tun?

Spitznamen

- „Spangol" oder vielleicht „Spagnol" oder „der Spanier", wegen seiner dunklen Haut und noch dunkleren Haare
- „Mehlschöberl", möglicherweise wegen seiner „Kochkünste". Eigentlich der terminus technicus für eine Spezialität der österreichischen Küche, nämlich eine gebackene Suppeneinlage. Außerdem ein Charakter aus einem Sing spiel mit dem Titel „Das lustige Beilager" (1797)
- etwas bildungsbürgerlicher: „der musikalische Shakespeare", auch in den Varianten „Shakespeare der Musik" und „Shakespeare der musikalischen Welt", wegen der Gemeinsamkeiten zwischen Shakespeares Dramen und Beethovens Musik – das Erzählende, das Originelle, die schnellen Wechsel der Szenerien, das Nebeneinander von Humor und Emotion

Spitznamen im 20. Jahrhundert

- „The Bee" – so nennt ihn Charles Bukowski
- „L. Beethoven", gesprochen wohl wie der Vorname „Al" oder wie der spanische Artikel „el". Noch mal Bukowski.
- „Ludwig", einfach nur. So z.B. im Krautrock der 1970er Jahre
- „Ludwig van", mit Betonung auf dem „van". So sagt es Alex aus dem Kubrick-Film „Clockwork Orange", wird so z.B. auch in Helge Schneiders „Mendy, das Wusical" verwendet.

Happy Beethoven's Birthday!

Lange weiß er selbst nicht so genau, wie alt er ist. Das liegt auch an seinem Vater, der Ludwig als Wunderkind vermarkten möchte und ihn dafür sicherheitshalber noch ein Stückchen jünger macht, als er ist. Um die Frage seines Geburtsjahrs zu klären, lässt Beethoven selbst nach seinem Taufschein forschen. Er kommt demnach im Dezember 1770 auf die Welt. Aber wann genau?

Bekannt ist nur das Taufdatum: 17.12.1770. Die Taufe fand in der Bonner Remigiuskirche statt, die im 19. Jahrhundert einem Feuer zum Opfer fiel. Normalerweise tauft man Kinder zu Beethovens Zeit am gleichen Tag, an dem sie geboren worden sind. Gelegentlich aber auch erst einen Tag später. Mancher Musikwissenschaftler glaubt, dass Beethoven selbst seinen Geburtstag am 16.12. gefeiert habe.

Sehr großen Wert darauf, den Geburtstag des Komponisten angemessen zu feiern, legt Schroeder, Charlie Browns Freund im Cartoon „Peanuts" von Autor und Zeichner Charles M. Schulz. In 27 von 49 Jahrgängen wird der Geburtstag erwähnt. Wenn Schroeder Beethovens Ehrentag mal vergisst, fühlt er sich sehr schlecht.

Auch im Rest des Jahres kommt Beethoven bei den „Peanuts" vor. Schroeder spielt auf seinem Spielzeugklavier im Laufe der Jahre 11 von Beethovens 32 Klaviersonaten, wie in einer Ausstellung des Charles-M.-Schulz-Museums zu sehen ist. Nicht schlecht für einen Achtjährigen, sagt Kurator William Meredith zu Recht. (Die Ausstellung ist digital über die Seite des Vereins „Bürger für Beethoven" verfügbar.)

Immer wieder sind in den Cartoons Notenausschnitte aus Beethoven-Kompositionen zu sehen. Schulz malt sie aus der Partitur ab. Nicht immer wird im Comic benannt, um welches Stück es sich handelt. Wer aber die Kompositionen aus den Noten erkennt, für den gibt es die Musik zu den Bildern dazu.

Kochkünstler

Die freundschaftlichen Kontakte zu adligen Wiener Familien bringen ein paar Vorteile für Beethoven mit sich, darunter diesen: Er kriegt was Leckeres zu essen und muss sich nicht selbst um die Küche kümmern. Das ist wohl auch gut so. Ein Überblick über Beethovens Haushaltsführung.

Schon früh findet Beethoven Leute, die bereit sind, lästige Alltagsfragen für ihn zu klären. Der Wiener Hofsekretär Nikolaus Zmeskall von Domanovecz hilft ihm z.B. dabei, die Wohnung einzurichten und Hauspersonal zu finden. Außerdem übernimmt er die ehrenvolle Aufgabe, des Komponisten Schreibfedern zuzuschneiden. Als Beethoven Ende 40 ist, kümmert sich Nanette Streicher, selbst Klavierbauerin und Komponistin, um Beethovens Haushaltsführung.
Solche Hilfe ist wohl auch nötig, denn – so schreibt Musikwissenschaftler Martin Geck: „Für eine solide Haushaltsführung war Beethoven nicht geschaffen." Einerseits mangelt es ihm in diesem Bereich an Talent, andererseits ist er selbstbewusster Künstler und findet eigentlich nicht, dass er sich ums Suppekochen und Staubwischen kümmern sollte.
Berichte über den Zustand von Beethovens Wohnungen gibt es einige. Carl Czerny, Beethovens Klavierschüler, beschreibt es so: „Ein sehr wüst aussehendes Zimmer, überall Papiere und Kleidungsstücke verstreut, einige Koffer, kahle Wände, kaum ein Stuhl." Die Rede ist außerdem von herumliegenden leeren Flaschen, von Salamiresten auf dem Flügel und dem nachmittags noch ungeleerten Nachttopf unter dem Flügel.
Was das Essen angeht, ist Beethoven nicht unbedingt auf sich allein gestellt, selbst wenn keine Einladung vorliegt. Er hat Personal, das bedeutet zumindest eine Haushälterin. Aber er misstraut den Bediensteten. Er argwöhnt Unehrlichkeit und Nachlässigkeit. Und es kommt zu Handgreiflichkeiten. Auch wenn Beethoven wohl nicht so recht dem Ratschlag seines Bruders folgen möchte, das Personal „ein wenig abzuprügeln": Immerhin verteilt er eine

Ohrfeige, tritt extra einen Eimer Wasser um und schmeißt Eier aus dem Fenster – „dabei kann man mit mir ganz leicht auskommen, wenn man sich nur ein bisschen anstrengt". Hat Klaus Kinski gesagt. Aber Beethoven ja vielleicht auch. Das Personal hält es nicht lange bei ihm aus, manche kündigen schon nach einer Woche. Dann wird eben per Inserat wieder jemand Neues gesucht.
Selbst zu kochen ist keine echte Alternative. Freunde kommen mal in den „Genuss", von Beethoven bekocht zu werden. Es dauert ewig und schmeckt dann wie Knüppel aufn Kopp: „das Rindfleisch war kaum zur Hälfte gargekocht", wird berichtet, „der Braten schien im Schornstein geräuchert" und „das Gemüse schwamm in Fett und Wasser". Beethoven selbst langt trotzdem kräftig zu, und man macht ihm höfliche Komplimente für seine „Kochkunst".

Umzugskünstler

Man könnte auch von populären Irrtümern sprechen. Es gibt zwei Beethoven-Häuser, eins in Bonn und eins in Wien. Oder: Komponisten sind leise Nachbarn, denn sie schreiben ja nur Noten. So ganz unbekannt ist es dann aber vielleicht doch nicht, dass Beethoven öfter als einmal die Wohnung wechselt. Viel öfter. Und dass er kein einfacher Mieter war, hat man vielleicht im Gefühl, irgendwie.

Ungefähr siebzigmal zieht er im Laufe seines Lebens um. Ein paarmal schon in Bonn mit seiner Familie. In Wien sind 22 Wohnadressen von Beethoven bekannt. Zugegebenermaßen ist die Zahl siebzig hoch gegriffen, weil da auch Beethovens Sommerunterkünfte im Kurort Baden bei Wien mitgezählt sind. Und weil er in manche Wohnungen mehrfach einzieht.
Wenn ihn an einer Wohnung etwas stört, ist der Entschluss zum Umzug schnell gefasst. Das heißt, dass er sich eine neue Wohnung besorgt. Heißt aber nicht unbedingt, dass er die vorherige sofort kündigt. Die Miete bezahlt er dann manchmal trotzdem nicht mehr, was Ärger nach sich zieht. Sowieso gibt es oft Konflikte mit den Vermietern. Der Tondichter beschwert sich über schlecht dichtende Fenster oder unzureichende und zu teure Beleuchtung. Auch Nachbarn nerven ihn. Und er nervt die Nachbarn. Er spielt Klavier ohne Rücksicht auf Ruhezeiten, gibt beim Komponieren merkwürdige Laute von sich und stampft dabei auf den Boden. Seine Angewohnheit, sich einen Krug Wasser über den Kopf zu schütten, soll sich bei den Nachbarn von drunter bemerkbar gemacht haben, nicht alles ging in die Waschschüssel, wie es scheint. Jedenfalls ist nicht immer er es, der die Entscheidung trifft, dass es Zeit für eine neue Wohnung ist.

Das Bonner Beethoven-Haus ist Beethovens Geburtshaus. Getragen vom Verein Beethoven-Haus Bonn ist es heute nicht nur eine Gedenkstätte, sondern auch Konzertort und Forschungsinstitut. Um die 100.000 Besucherinnen und Besucher kommen pro Jahr. Der Verein kümmert sich seit 1889 um das Haus. Bis dahin haben viele Leute drin gewohnt (auch gleichzeitig), und die Immobilie ist in schlechtem Zustand gewesen. Doch schon bevor der Verein das Haus übernommen hat, sind Besucher da, die Beethovens Geburtszimmer sehen wollen. Als Souvenirs nehmen sie Holzteile vom Fußboden mit. Da muss man auch erst mal drauf kommen.

Das Beethoven-Haus in Bonn, Straßenansicht. Beethoven wurde im Gartenflügel des Hauses geboren.

In Wien gibt es noch vier Häuser, in denen Beethoven gewohnt hat. Zum Beispiel das Pasqualati-Haus auf der Mölkerbastei. Auch die Wohnung in dem Haus gibt es noch – ist aber vermietet! Ein kleines Beethoven-Museum ist in der Nachbarwohnung untergebracht. Der Komponist zog aus der Wohnung im Pasqualati-Haus mehrfach aus und wieder ein. Hausherr Baron Pasqualati hielt sie für Beethoven frei. Der hat hier an den Sinfonien vier, fünf und sechs gearbeitet.

Das Pasqualati-Haus in Wien

Beherbergt heute das Restaurant „Ludwig van": das Beethoven-Haus in der Laimgrubengasse 22

In der Laimgrubengasse 22 ist auch noch eine Beethoven-Wohnung zumindest teilweise erhalten geblieben. Erst 1937 ist entdeckt worden, dass Beethoven hier gewohnt hat. Man hat die Wohnung innerhalb des Hauses lokalisieren können, weil Beethoven einem Besucher die Lage per Brief erklärt hat: „erster Stock, links die Thür". 1972, nach Freiwerden eines Teils der Wohnung, hat die Wiener Beethoven-Gesellschaft die Zimmer angemietet. Man nahm den Linoleum-Fußboden heraus, und zum Vorschein kamen die Holzdielen, auf denen schon Beethoven herumgelaufen ist. Diesmal unbeschädigt.
Keine der Wohnungen ist übrigens luxuriös zu nennen. Arbeits- bzw. Klavierzimmer und Schlafzimmer sind identisch. Manche Besucher sind überrascht über die eher ärmlichen Verhältnisse, in denen Beethoven wohnt. Immerhin hat er einen Flügel. Oder sogar zwei, wie in seiner letzten Wohnung. Die ist in der Schwarzspanierstraße. 1904 ist das Haus abgerissen worden.

Zum Schluss des Kapitels sei noch ein zwar nicht populärer, aber zumindest möglicher Irrtum ausgeräumt: Camper van Beethoven ist keine weitere, in dem Fall mobile Unterkunft Beethovens, sondern eine Band aus Kalifornien. Das nur zur Sicherheit.

Beethovens Totenmaske

Das Bild, das sich zum Beispiel in einer Notenausgabe von Beethovens Klaviersonaten findet, zeigt Beethovens Totenmaske: Das ist zumindest unter Besitzern dieser Notenausgabe ein verbreiteter Irrtum. Vielleicht, weil die Augen zu sind. Augen auf wäre bei einer Gipsmaske aber auch keine so gute Idee gewesen.

Das Klavierbauer-Ehepaar Andreas und Nanette Streicher möchte eine Beethoven-Büste, noch zu Lebzeiten des Komponisten. Auch das gibt es. Beethoven, 41 und höchst lebendig, lässt sich darauf ein, weil er noch nicht weiß, wie es sich anfühlt, wenn einem das Gesicht eingegipst wird.

Der Wiener Bildhauer Franz Klein kümmert sich darum. Versuch Nummer 1 muss abgebrochen werden, weil das Objekt zu ersticken fürchtet. Beim zweiten Mal klappt es. Entstanden ist die „originalgetreueste" Darstellung von Beethovens Gesicht zu Lebzeiten. Spätere Maler und Bildhauer orientieren sich daran. Eine Totenmaske gibt es allerdings auch. Joseph Danhauser hat sie gemacht. Da sieht man ein von schwerer Krankheit gezeichnetes Gesicht. Gute Entscheidung von Musikverlegern, vorne in der Notenausgabe die Lebendmaske abzubilden. Dass es eine Lebendmaske ist, steht übrigens auch drunter.

Wird oft für eine Totenmaske gehalten: die Lebendmaske Beethovens

Verbleit

Beethoven war nicht bleifrei. Im Gegenteil, er trug eine ordentliche Ladung des giftigen Schwermetalls mit sich herum. Bei der Untersuchung von Haaren Beethovens, 180 Jahre nach seinem Tod, hat der Gerichtsmediziner Christian Reiter festgestellt, dass der Komponist hundertfach erhöhte Bleiwerte hatte. Das trägt wohl zu seinem Tod blei, äh bei.

Beethovens Totenmaske

Die Rohre sind aus Blei, billiger Wein ist mit Blei gesüßt, und Blei ist auch in allen möglichen medizinischen Mitteln drin, z.B. in Pflastern. Zwar weiß man schon zu Beethovens Zeit, dass Blei nicht wirklich gesund ist, aber bei der medizinischen Behandlung schwererer Fälle erscheint es als kleineres Übel. In Kombination mit einem gepflegten Alkoholkonsum tut Beethoven das Ganze nicht gut.

Mancher macht das Blei auch für Beethovens schlechte Launen verantwortlich – eine Bleivergiftung wirkt sich auch auf das Gemüt aus. Es kommt der Selbstmordversuch seines Neffen Karl dazu und eine strapaziöse Heimreise aus Niederösterreich, wo er seinen Bruder besucht hat. Schwer angeschlagen kommt er wieder zu Hause an. In der Behandlung werden besagte bleihaltige medizinische Mittel eingesetzt. Außerdem wird der Schwerkranke mit „Punschgefrorenem" behandelt, was der Heilung einer kranken Leber wohl auch nicht zuträglich ist, vielleicht aber schon keinen Unterschied mehr macht. Beethoven stirbt in seiner Wohnung in der Schwarzspanierstraße, am 26. März 1827 gegen sechs Uhr abends, wohl an einer Leberzirrhose.

Bronzehoven und Beethon

Nur eines der beiden Wörter aus dem Titel ist mit einem Beethoven-Monument verbunden. Auf das andere ist zum Glück noch keiner gekommen. Spätestens seit 1835 kümmert man sich um Beethoven-Denkmäler, derer es inzwischen eine ganze Reihe gibt. Eine Auswahl.

Präsident des Komitees, das ein Beethoven-Denkmal errichten lassen möchte, ist der Gelehrte August Wilhelm Schlegel, zu den Mitgliedern gehört Franz Liszt. Der bringt sich stark ein, gibt Konzerte zur Finanzierung des Denkmals und übernimmt alleine ein Fünftel der Kosten.

Das Bonner Beethoven-Denkmal auf dem Münsterplatz

Sein Kollege Robert Schumann spendet das Honorar, das er für eine Komposition erhalten hat. 1845 wird das von Ernst Hähnel gestaltete Monument als erstes öffentliches Beethoven-Denkmal eingeweiht. Es steht auf dem Bonner Münsterpatz.

1880 wird in Wien ein Beethoven-Denkmal errichtet, das der Bildhauer Caspar von Zumbusch gestaltet hat. Zu sehen sind außer dem sitzenden Beethoven Prometheus, Victoria und neun allegorische Darstellungen für die neun Sinfonien. Es steht im ersten Bezirk auf einem Platz, der seitdem Beethovenplatz heißt.

Das Denkmal auf dem Wiener Beethovenplatz

Als antike Gottheit stellt Max Klinger den Komponisten dar. Seine Plastik wird 1902 in Wien ausgestellt, kommt aber nicht wirklich gut an. Später kann Klinger seine Skulptur nach Leipzig verkaufen, wo sie heute im Museum der bildenden Künste zu sehen ist.

In Karlsbad steht seit 1929 eine überlebensgroße Beethoven-Statue aus Bronze. Der Bildhauer Hugo Uher hat sie realisiert.

Von 1938 ist eine Sitzskulptur Beethovens aus Granit von Peter Christian Breuer. Seit 1977 befindet sich die Skulptur im Bonner Naherholungsgebiet Rheinaue.

Das Beethoven-Denkmal in Karlsbad

Eine Bronze-Büste von Franz Rotter wird 1955 aufgestellt. Sie steht seit 2010 im Bonner Redoutenpark.

Vor der Bonner Beethovenhalle gibt es seit 1986 die Plastik von Klaus Kammerichs zu sehen. Sie ist aus Beton und heißt „Beethon". Finanziert u.a. durch eine Großspende des Bundesverbandes der deutschen Zement-Industrie. Zum Beethovenjahr 2020 ist sie frisch restauriert worden.

Skulptur „Beethon" vor der Bonner Beethovenhalle

2014 wird die Beethoven-Skulptur von Markus Lüpertz im Bonner Stadtgarten enthüllt. Zwei Köpfe sind zu sehen – zwei Seiten des Komponisten, das Heroische und das Introvertierte, vielleicht. Inzwischen steht die Skulptur als Dauerleihgabe in Wien.

Die Beethoven-Skulptur von Markus Lüpertz

Auch ein Beethoven-Monument?

Die Badeente „Beethoven" komponiert auf wasserfestem Papier. Künstler unbekannt. Kann man im Internet bestellen: https://www.duckshop.de/shop-duckshop/Austroducks/Beethoven-Quietscheentchen.html

BTHVN 2020 und die Vorläufer

„BTHVN2020" heißt in Bonn das Jubiläumsjahr zu Beethovens 250. Geburtstag. Dafür ist 2016 eigens eine Beethoven-Jubiläums-Gesellschaft als Tochtergesellschaft der Stiftung Beethoven-Haus gegründet worden. Außer eigenen Veranstaltungen gibt es eine millionenschwere Förderung von künstlerischen Projekten zum Jubiläumsjahr, außerdem eine BTHVN2020-Lokomotive und einen BTHVN2020-Musikfrachter. Der legt im März 2020 zu einer „musikalischen Flussfahrt" von Bonn nach Wien ab, Veranstaltungen finden unterwegs an den Anlegestellen statt. Außerdem läuft ein Beethoven-Pastoral-Project, in dem sich Künstler für Klimaschutz engagieren. Vorbild dafür: Beethovens eigene Naturliebe und seine sechste Sinfonie, die „Pastorale". Natürlich ist BTHVN2020 nicht die erste Jubiläumsveranstaltung zu Ehren des Komponisten. Ein kleiner Überblick:

Das erste Jubiläumskonzert gibt es schon zu Beethovens Lebzeiten: Am 17.12.1826, dem Jahrestag von Beethovens Taufe, findet in Bonn ein Konzert nur mit Beethoven-Kompositionen statt.

„Das Musikfest oder die Beethovener" heißt eine Novelle von Wolfgang Robert Griepenkerl aus dem Jahr 1838. Beschrieben ist ein fiktives Beethovenfest in einer Kleinstadt, bei dem einiges aus dem Ruder läuft. U.a. schmeißt der Kontrabassist und Beethoven-Fan Hitzig, nachdem ihn eine Aufführung der Neunten emotional ziemlich mitgenommen hat, seinen Sohn aus dem Fenster und zündet ein Gebäude an.

Das erste (reale) Beethovenfest in Bonn wird 1845 gefeiert. Die Komponisten Franz Liszt und Louis Spohr sind mit dabei. Und es gibt einen ziemlich sportlichen Arbeitsplan für den Bau einer ersten „Beethovenhalle": Innerhalb von zwei Wochen wird die Halle aus Holz für 3.000 Besucher und Akteure gebaut.

Für das Bonner Beethoven-Fest 1870, zu Beethovens Hundertstem, wird eine neue Beethovenhalle bespielt. Unbenutzt ist sie da schon nicht mehr: Im deutsch-französischen Krieg hat sie als Lazarett fungiert. Die gleiche Funktion erfüllt sie im nächsten Krieg, dem Ersten Weltkrieg. 1944 wird die Halle zerstört.

Die erste „Beethoven-Ampel" wurde anlässlich des Jubiläumsjahrs 2020 schon am 17. Dezember 2016 in Bonn eingeweiht.

1927: „Deutsches Beethovenfest" in Bonn. Zu den Schirmherren gehört Reichspräsident von Hindenburg. Besonders stark engagiert sich hier wie auch in den darauffolgenden Jahren die Pianistin Elly Ney. Seit 1933 ist sie glühende Anhängerin Adolf Hitlers. Der Historiker Wilhelm Hausenstein plädiert dafür, ihr ihre „Blödheit" zugute zu halten. Die Stadt Bonn hebt 1952 das Auftrittsverbot, das nach dem Krieg beschlossen worden ist, wieder auf, und Elly Ney hilft maßgeblich bei der Finanzierung des Beethovenfestes mit. Die Agentur „Pro Classics" schreibt heute noch allen Ernstes über die nationalsozialistische Künstlerin und überzeugte Antisemitin: „Elly Ney glaubte an die ethische Macht der Musik." Wie soll man das verstehen? Hoffentlich nur so, dass Hausensteins Befund etwas erweitert werden muss.

1970, zu Beethovens 200., kommen über das ganze Jahr verteilt prominente Dirigenten und Orchester nach Bonn: Karajan mit den Berlinern, Böhm mit den Wienern, Klemperer mit dem Londoner Philharmonia Orchestra. Man legt Wert auf Vielfalt: Stockhausens „Musik für die Beethoven-Halle" wird aufgeführt. Im Bonner Münster gibt es ein Hochamt für Beethoven. Pianist Friedrich Gulda spielt Beethovens Hammerklaviersonate und danach eigene Variationen über einen Song von den Doors.

Nachdem das Beethovenfest in den 1990er Jahren auch schon mal ausgefallen ist, findet es seit 1999 jährlich im September statt. 2020 allerdings eine Nummer größer und ein ganzes Jahr lang.

Käsebrot van Bratwurst

Die Kamera lässt uns selbst Ludwig van Beethoven sein, der mit dem Zug zum Bonner Hauptbahnhof fährt und sich dann aufmacht zum Beethoven-Haus. Zimmer für Zimmer besichtigen wir mit ihm sein eigenes Geburtshaus. Ab und zu schwenkt die Kamera nach unten, dann sehen wir unsere – seine – bestrumpften Beine und beschnallenschuhten Füße. Auch die Hände, die in Handschuhen stecken, gibt es dann und wann zu sehen. Klingt bis dahin eigentlich harmlos, aber mancher regt sich ordentlich auf, als der Schwarzweißfilm „Ludwig van" am 1. Juni 1970 im WDR gezeigt wird, und zwar nicht wegen der Anachronismen.

Verantwortlich für den insgesamt 90 Minuten langen Film ist Mauricio Kagel, selbst Komponist. Pünktlich zum Jubiläumsjahr setzt er sich auf seine Weise mit Beethoven auseinander – und widmet sich besonders der allgemeinen Beethoven-Verehrung, die zum Oberflächlichen und Kommerziellen tendiert. Der uniformierte Museumsführer im (übrigens nachgestellten) Beethoven-Haus trägt ein Hitlerbärtchen – vielleicht eine der Referenzen an die Beethoven-

und Hitlerverehrerin Elly Ney. In einer Szene werden Beethoven-Büsten zerschlagen, dezenter Hinweis darauf, was Kagel vom Beethoven-Kult im Jubiläumsjahr 1970 hält. In einer anderen Sequenz wird ausgelotet, welche reizvollen Wortneuschöpfungen mit dem Beethoven-„B" am Wortanfang möglich sind („Bamsterdam") und welche Wörter sich gut mit einem Beethoven-„van" verbinden lassen („Käsebrot van Bratwurst", zum Beispiel).

Auch andere Künstler der Zeit bringen sich ein. Die Sequenz in der Küche von Beethovens Geburtshaus gestaltet Joseph Beuys. Es gibt einen Plattenspieler mit einer Wurst als Tonarm (schon wieder Wurst!), Beethoven-Noten als Küchenunterlage, und Beuys tritt vor dem Fenster höchstselbst mit Napoleon-Totenmaske auf.

Hätte es 1970 schon Beethoven-Badeenten gegeben – Kagel hätte ihnen die verdiente Anerkennung sicher nicht versagt. Ob er aber mit diesem, dem vorliegenden, Klugscheißer-Band Gnade hätte walten lassen?

Beethoven und die Frauen

Er sucht und sucht und findet sie nicht, die Frau fürs Leben. An fehlender Entschlusskraft seinerseits liegt es nicht. Mehreren Frauen soll Beethoven den Hof gemacht haben, aber jedes Mal ist er zurückgewiesen worden.

Da ist Elisabeth Röckel, eine Sängerin, die die berühmte Widmungsträgerin „Elise" sein könnte. Magdalena Willmann, ebenfalls Sängerin, die deswegen abgelehnt haben soll, weil Beethoven „so häßlich war, und halb verrückt". Julie von Guicciardi, der Beethoven Klavierunterricht gibt und die „Mondschein-Sonate" widmet, und die trotzdem lieber einen Grafen Gallenberg heiratet. Therese Malfatti, Nichte seines Hausarztes: In diesem Fall glaubt sich Beethoven gut vorbereitet, denn er hat sich neue Halstücher bestellt, neue Anzüge, hat sich einen Spiegel geliehen, weil seiner kaputt ist, und ist sogar mit ihrem Hund spazierengegangen. Vergeblich.

Schlimm ist es wohl mit Josephine, geborene von Brunswick, genannt Pepi oder Pips. Auch ihr gibt Beethoven Klavierstunden. Er bemüht sich als Mitte Dreißigjähriger um ihre Gunst, da heißt sie schon Josephine Deym und hat vier Kinder. Und ist wieder frei, denn ihr Mann ist gestorben. Erst 1957 werden Briefe zwischen Beethoven und Josephine Deym bekannt. Dreizehn Briefe von Beethoven. Vier Briefentwürfe von Josephine Deym. Sie heiratet einen Baron von Stackelberg.

Die Behauptung, dass Beethoven ein Frauenheld gewesen sei, ist jedenfalls Ausdruck eines Irrtums. Und: Nur weil man den Künstler Beethoven in adligen Kreisen fördert und zu Gesellschaften einlädt, heißt das nicht, dass man sich nicht mehr für Standesunterschiede interessiert hätte. Im Zweifel sind dann doch adlige Gallen- oder Stackelberge angesagt.

Am 6. und 7. Juli 1812 schreibt Beethoven, inzwischen 41-jährig, zwei Briefe an eine Frau, die bis heute unbekannt geblieben ist. Er redet sie an als „Mein Engel, mein alles, mein Ich" und als „unsterbliche Geliebte". Manche Sätze haben vier Ausrufezeichen. Gefunden worden sind die Briefe in Beethovens letzter Wohnung, in einem Geheimfach. Ob er sie überhaupt verschickt hat, weiß man nicht. Die schon erwähnte Josephine Deym ist mit Antonie Brentano die wahrscheinlichste Adressatin, das zumindest ist nach vielen Jahrzehnten teils kriminalistischer Forschung herausgekommen.

Die Geschichte hat viele inspiriert. In den 1970ern wird ein Musical über die unsterbliche Geliebte aufgeführt. 1994 ist der Film „Immortal Beloved" zu sehen, Gary Oldman spielt Beethoven. Ein Parfüm von YS-UZAC heißt so wie der Film. Und Charles Bukowski schreibt in seinem Gedicht „Note Upon The Love Letters of Beethoven":

„think: if Ludwig were alive today
[…]
we'd get music like we never heard before
and he'd still never ever find his Beloved."

Beethoven macht Ferien

Großer Komponist, aber kleiner Aktionsradius. Paris und London bleiben nie realisierte Träume. In den Sommermonaten fährt Beethoven fast immer raus aufs Land, meistens in den Kurort Baden, um die 30 Kilometer südlich von Wien – immerhin.

Baden ist ein Ferienziel für viele Wiener, die es sich leisten können. Besonders Aristokraten verbringen hier die Sommermonate. Beethoven fährt wohl dreizehnmal hin, auch in der Hoffnung, dass es ihm gesundheitlich gut tue. Oft geht es ihm wirklich besser. Er fühlt sich wohl in der Natur, begeistert sich für Pflanzen, macht lange Wanderungen. Genießt die Einsamkeit auf diesen Wanderungen. In Baden fällt seine Schwerhörigkeit ein bisschen weniger ins Gewicht als im Stadttrubel von Wien. Noch 1824, drei Jahre vor seinem Tod, schwärmt er bei einem Ausflug mit einem Harfenisten: „Hier […] sitze ich oft stundenlang […]. Hier verhüllt mir die majestätische Sonne kein von Menschenhänden gemachtes Dreckdach". So schwärmt nur Beethoven. Er lässt es hier auch mal ruhig angehen, wie er in einem Brief schreibt: „… ich hätte mein Leben nicht geglaubt, daß ich so faul sein könnte, wie ich hier bin. Wenn darauf ein Ausbruch des Fleißes folgt, so kann wirklich was Rechtes zustandekommen." Es kommt was zustande. Beethoven hat bei seinen Wanderungen ein Skizzenbuch im Taschenformat dabei. Wenn ihm was einfällt, schreibt er es auf. Und in seiner Badener Unterkunft hat er ein Klavier stehen, an dem er Ideen ausprobiert. Zum Leidwesen seiner ebenfalls zur Erholung hergekommenen Nachbarn. Nicht so leicht ist es für ihn, im Folgejahr wieder ein Quartier zu finden, denn wo er schon mal gewesen ist, da will man ihn nicht mehr haben. Außer in der Rathausgasse 10, heute das „Badener Beethovenhaus". Wesentliche Teile der neunten Sinfonie entstehen hier, weshalb man es manchmal auch „Haus der Neunten" nennt. Dass Beethoven hier geduldet wird, mag damit zusammenhängen, dass der Vermieter Kupferschmied ist.

Beethoven komponiert die Pastorale, Aquatintaradierung nach einer Zeichnung von Franz Hegi

Ein Fall fürs Jugendamt II

1815 stirbt, mit 41, Beethovens jüngerer Bruder Kaspar Anton Karl van Beethoven. Dessen Sohn Karl ist da gerade neun. Testamentarisch hat der Verstorbene verfügt, dass Bruder Ludwig zusammen mit der Witwe des Verblichenen für Karl verantwortlich sein soll. Damit fängt das Theater an, das heute zweifellos das Jugendamt auf den Plan rufen würde.

Beethoven, selbst kinderlos, gefällt die Vorstellung, sich als Ersatzvater um seinen Neffen zu kümmern. Karls leibliche Mutter, Johanna van Beethoven, soll sich da schön raushalten. Beethoven macht sie schlecht, nennt sie „Königin der Nacht" und „Dame mit Vergangenheit" (sie war mal wegen Unterschlagung im Knast). Im Film „Immortal Beloved" von 1994 ist übrigens ausgerechnet Johanna die „unsterbliche Geliebte" Beethovens.

Karl kommt zu ihm, womit die Mutter nachvollziehbarerweise nicht ganz einverstanden ist. Ein zäher Rechtsstreit um die Vormundschaft ist die Folge. Und an Karl geht die Sache nicht spurlos vorüber. Er weint seiner Mutter hinterher, wenn sie ihn im Internat besucht hat. Er geht zu verschiedenen Schulen, wird auch schon mal wegen schlechten Betragens rausgeschmissen. Er flüchtet sich zur Mutter und wird von der Polizei wieder abgeholt.

Beethoven macht Stress, überwacht Karl, ermahnt ihn. Nichts soll schieflaufen bei der Erziehung – und natürlich läuft alles schief. Mit 19 unternimmt Karl einen Selbstmordversuch mit Pistole, überlebt den schlecht gezielten Streifschuss aber leicht verletzt. Zur Strafe gibt es sechs Wochen Religionsunterricht im Polizeigewahrsam. Für Beethoven ist die Strafe schlimmer. Man übermittelt ihm von Karl: „Er gibt keine andere Ursache an, als die Gefangenschaft bey Ihnen."

Für Beethoven, den schon der Rechtsstreit belastet hatte, eine Katastrophe. Nicht mal ein Jahr später stirbt er. Obwohl in seinen letzten Jahren bei Freunden und Verlegern in der Kreide stehend, hat er sein Wertpapier-Paket nicht angefasst. Er vererbt seinem Neffen als Universalerben Aktien im Wert von um die 10.000 Gulden, genug, dass Karl nach ein paar Jahren beim Militär als Privatier leben kann.

Beethovens Grab auf dem Zentralfriedhof in Wien

Der falsche Baron

Beethovens Neffe und Alleinerbe Karl heiratet und hat fünf Kinder: vier Töchter, die ihrerseits heiraten und damit ihren Nachnamen ändern, und einen Sohn, der den Namen „Beethoven" weiterführt. Karl stirbt mit 52. Sein Sohn, 1839 geboren, heißt Ludwig Johann van Beethoven. Und ist ein Hochstapler.

Mal behauptet er, er sei der Enkel Ludwig van Beethovens, mal nennt er sich „Baron von Beethoven". Es gelingt ihm zumindest eine Zeit lang, finanzielle Unterstützung von (echten) Adligen zu erhalten. Sogar von König Ludwig II. bekommt er Geld. Aber irgendwann wird er wegen Betrugs und Unterschlagung zu vier Jahren Gefängnis verurteilt. Der Strafe entgeht er, indem er samt Familie nach Amerika auswandert. Unter dem Namen „Louis von Hoven" arbeitet er für eine Eisenbahngesellschaft. Er stirbt im Zeitraum zwischen 1890 und 1916.
Ludwig Johann van Beethoven oder „Baron von Beethoven" oder „Louis von Hoven" hat wiederum sechs Kinder gehabt, darunter der letzte Beethoven-Nachfahre, der diesen Namen trägt: Karl Julius Maria van Beethoven. Er ist als Journalist tätig, wird im Krieg zum Militär eingezogen und stirbt 1917 kinderlos in einem Wiener Lazarett.
Es könnten heute noch Nachfahren der Töchter aus den verschiedenen Generationen leben, die ihren Namen änderten. 1969, kurz vor dem großen Beethoven-Jubiläumsjahr 1970, schreibt außerdem die Bonner Rundschau über den Winzer Peter Köwerich, den man als letzten lebenden Verwandten Beethovens ausfindig gemacht zu haben glaubt. Beethovens Mutter hieß mit Nachnamen Keverich, die Schreibweise des Namens hat sich mit der Zeit offenbar geändert. Köwerich, 88-jährig, wird zum Beethovenfest eingeladen. Nicht wenige halten die ganze Sache für Quatsch.
Im Mai 2019 kommen 47 Personen nach Bonn, die heute noch den Namen

„Beethoven" tragen, ein Großteil aus dem belgischen Mechelen, wo auch Beethovens Großvater herkam. Der Verein „Bürger für Beethoven" hat sie eingeladen, es gibt Mittagessen und Kaffee. Lieblingskompositionen der Beethovens: „Für Elise" und die Neunte.

Das größte Werk

Zumindest nach Beethovens eigener Einschätzung ist sein „größtes Werk" nicht etwa die neunte Sinfonie, sondern die heute viel weniger berühmte Missa solemnis.

Eine Art musikalisches Anglerlatein, könnte man meinen: In Beethovens Briefen an die Verlage wird die Missa solemnis von Mal zu Mal größer. Erst nennt er sie „großes Werk", dann „eins meiner größten Werke" und dann „das größte Werk". Es scheint sich um ein Verkaufsargument zu handeln – mit insgesamt sieben Verlegern verhandelt Beethoven, versucht ein gutes Honorar herauszuhandeln. Aber es ist nicht nur das. Die Missa solemnis – zu Deutsch so viel wie „feierliche Messe" – ist ein Großprojekt, das immer größer wird. Und das ist ein Problem. Denn das Werk ist eine Terminarbeit. Im März 1820, zum Einführungsgottesdienst des neuen Erzbischofs von Olmütz (heute Tschechische Republik), soll es fertig sein. Der neue Erzbischof ist niemand anderes als Erzherzog Rudolf, Beethovens Förderer in Wien. Beethoven hat ihm die Missa versprochen. Und spekuliert darauf, dass Exzellenz in spe ihn, Beethoven, zum Kapellmeister macht.

Er geht also an die Arbeit. Ein knappes Jahr ist noch Zeit bis zum großen Tag. Er vertieft sich in frühere Mess-Kompositionen von Vorbildern wie Bach, Haydn und Mozart. Macht Skizzen ohne Ende. Und schreibt im Dezember 1819, drei Monate vor dem Termin, an den Erzherzog-Erzbischof: Er wird nicht fertig. Eine gewisse Analogie zur Beethovenhallen-Baustelle im Jubiläumsjahr 2020 ist nicht zu übersehen. Hier wie dort gibt es auch unvorhergesehene Schwierigkeiten, in Beethovens Fall sind es gesundheitliche Probleme und der Rechtsstreit um die Vormundschaft für seinen Neffen Karl.

Letzten Endes sitzt er mehrere Jahre dran. Bei der Einführung des Erzbischofs erklingt eine Messe von einem anderen Komponisten. Aber Beethovens Missa solemnis wird ein in jeder Hinsicht großes Werk. Zu groß für eine Terminarbeit. Kapellmeister ist er nicht geworden.

Das schwierigste Werk

Die "Hammerklavier-Sonate" ist so schwer zu spielen, dass sich jahrzehntelang kaum jemand dran traut. Gerade mal neun Pianistinnen und Pianisten werden in der an Pianistinnen und Pianisten nicht armen Zeit bis 1856 gezählt, die das Stück aufzuführen wagen.

Beethoven hat es wahrscheinlich selbst nicht spielen können. Als er die Sonate 1817 komponiert, ist seine frühere Virtuosität mangels Übens und Spielpraxis schon verlorengegangen. Und Robert Schumann berichtet von sich: "Wie scheiterte mein Stolz an dieser!"
Einer, der sie spielen kann, ist Franz Liszt. Seine Aufführung in Paris 1836 ist wohl die erste vor größerem Publikum. Komponistenkollege Hector Berlioz beschreibt Liszts Auftritt als "ideale Aufführung eines als unspielbar geltenden Werkes". Musiker im 19. Jahrhundert nennen sie die "Riesensonate". Noch heute gilt die Sonate als "sauschweres Stück" (Pianist András Schiff).
Schwierig ist das künstlerische Gestalten dieser längsten aller Beethoven-Sonaten. Schwierig ist aber schlicht und ergreifend auch der spieltechnische Anspruch der Sonate. Das von Beethoven geforderte Tempo macht's nicht leichter. Halbe = 138, ist seine Metronom-Angabe für den ersten Satz: 138 Halbenoten pro Minute. Also 276 Viertelnoten pro Minute. Also 552 Achtelnoten pro Minute. Wenig ist das nicht. Man hat sich gefragt, ob Beethovens Metronom kaputt gewesen sei, weil das Tempo kaum spielbar scheint. Und es machts auch keiner. Das Staatliche Institut für Musikforschung in Berlin hat nachgemessen: Artur Schnabel spielt immerhin Halbe = 131, Friedrich Gulda Halbe = 120. Glenn Gould versucht es erst gar nicht und spielt Halbe = 80.
"Hammerklavier-Sonate" heißt das Stück übrigens deswegen, weil Beethoven nicht das italienische Wort "Pianoforte" auf dem Titelblatt haben wollte. Als Ersatz für "Pianoforte" hat er auch mal den Begriff "Schwachstarktastenkasten" verwendet. Mit dem Titel "Schwachstarktastenkasten-Sonate" hätte er dem Werk vielleicht, zumindest dem Namen nach, ein wenig von seinem Schrecken genommen.

Das merkwürdigste Werk

„The strangest piece of music that Beethoven ever wrote", hat der englische Musikwissenschaftler und Komponist Philip Radcliffe über das Adagio aus Beethovens Streichquartett op. 132 geschrieben. Viele sehen es ähnlich.

Beethoven hat dem Adagio eine Überschrift gegeben: „Heiliger Dankgesang eines Genesenen an die Gottheit". Der Zusammenhang zwischen Leben und Werk, den man manchmal herbei analysiert, ist hier mal offensichtlich: Der Komponist hat sich gerade von einer schweren gesundheitlichen Krise erholt. Soweit, so unmerkwürdig, oder merkunwürdig. Wirklich merkwürdig wirds erst, wenn man das Stück hört. Das soll Beethoven sein? Klingt eher so, als wenn das Tridentiner Konzil von Pierluigi da Palestrina verlangt hätte, von seiner Vokalpolyphonie auf Streichinstrumente umzuschwenken, was in mehrfacher Hinsicht ein sehr merkwürdiger Vorgang gewesen wäre, aber das ist Palestrina für Klugscheißer. Jedenfalls orientiert sich Beethoven offensichtlich an dem Renaissance-Komponisten Palestrina, nimmt sogar statt Dur oder Moll eine alte Tonart namens „Lydisch".

Nur eine Opuszahl weiter, in op. 133, gibt es den Zweitplatzierten im Merkwürdigkeits-Ranking. Eine Fuge für Streichquartett-Besetzung. „Unverständlich, wie chinesisch", schreibt ein zeitgenössischer Kritiker. Aber Chinesisch kann man ja lernen. Mit Beethovens merkwürdigsten Kompositionen warm zu werden auch.

Das letzte Werk

Das offizielle Opus 1 ist 1795 herausgekommen. 31 Jahre später komponiert Beethoven sein letztes vollständiges Werk: das Streichquartett op. 135.

Vier Sätze hat das Quartett, und über dem letzten Satz steht: „Der schwer gefaßte Entschluß". Direkt darunter, noch oberhalb der Noten: „Muß es sein? Es muß sein! Es muß sein!" Das letzte Werk, der letzte Satz darin, und dann so ein Motto. Beethovens ganzer Ernst, seine Entschlossenheit, kommen hier noch ein letztes Mal zum Ausdruck. Könnte man meinen.

Die Geschichte hinter dem „Es muß sein" ist keine Anekdote, sondern mit Quellen belegt. Ein reicher Wiener Bürger mit großer Klappe hat sich etwas geringschätzig über Beethovens Musikerfreund Ignaz Schuppanzigh und dessen Kollegen geäußert, die gerade eine neue Beethoven-Komposition aufgeführt haben. Beethoven verpasst ihm einen Denkzettel: Wenn er seine neue Komposition haben möchte, dann soll er Schuppanzigh eine Leihgebühr zahlen. „Wenn es sein muß", antwortet der so Bestrafte. Beethoven schickt als Antwort einen gutgelaunten Kanon mit der Post: „Es muß sein, ja, ja, ja, heraus mit dem Beutel! Heraus, heraus, es muß sein!" Das ist im Sommer 1826. Direkt danach komponiert er das Streichquartett. Und benutzt für den letzten Satz die Anfangstöne aus seinem Kanon. Auf dem Landgut seines Bruders Nikolaus Johann wird das Stück fertig. Es ist Herbst 1826.
Dann wird er krank, reist zurück nach Wien, kommt dort schwerkrank an. Bald merkt man, dass der, der da im Krankenbett liegt, bald sterben wird. Den Wein, den der Verleger Schott aus Mainz geschickt hat, kann er nicht mehr trinken. „Schade, schade, zu spät", sollen seine letzten Worte gewesen sein.

In einem Spiegel-Interview im Beethovenjahr 1970 wird der Komponist Mauricio Kagel gefragt: „Sehen Sie Beethoven als Komponisten und als Menschen in einer Einheit?" – „Keineswegs", antwortet Kagel. „Warum auch? Je mehr man von ihm erfährt, desto näher rückt er uns. Und seine Musik erscheint umso unbegrenzter und rätselhafter."

Das Klugscheißer-Quiz
für echte Beethoven-Experten

1. Welcher der folgenden Titel ist keine Beethoven-Komposition?
A) Schenk' ein, mein guter Junge
B) Elegie auf den Tod eines Pudels
C) Die Zauberflöte
D) Lob auf den Dicken

2. Wo findet man das „Haus der Neunten"?
A) Bonn
B) Baden bei Wien
C) Prag
D) Wien

3. Von wem ist der Film „Ludwig van" aus dem Jahr 1970?
A) Joseph Beuys
B) Karlheinz Stockhausen
C) Mauricio Kagel
D) Steven Spielberg

4. Wer schrieb die erste Beethoven-Biografie?
A) Anton Schindler
B) Otto Schindler
C) Jürgen Schindler
D) Ludwig Schindler

5. Welches Tier besaß Beethoven mal?
A) Hund
B) Katze
C) Papagei
D) Pferd

6. Welche Beethoven-Komposition bewundert Alex aus dem Film „Clockwork Orange" besonders?
A) „Mondschein-Sonate"
B) „Sturm-Sonate"
C) Fünfte Sinfonie
D) Neunte Sinfonie

7. Wie heißt die Londoner Klavierbaufirma, die Beethoven 1817 einen Flügel nach Wien schickte?
A) Broadwood
B) Elijahwood
C) Hollywood
D) Driftwood

8. Wie viele Kaffeebohnen zählte Beethoven ab, wenn der Kaffee richtig gut werden sollte?
A) 45
B) 50
C) 55
D) 60

9. Wie heißt die nach Beethoven gestaltete Romanfigur in einem Zehnteiler von Romain Rolland?
A) Jean-Claude
B) Jean-Luc
C) Jean-Christophe
D) Jean-Sébastien

10. Welche Beethovenkomposition wird gerne von virtuosen Metal-Gitarristen gespielt?
A) 3. Satz aus der „Mondschein-Sonate"
B) 4. Satz der neunten Sinfonie
C) 1. Satz der „Sturm-Sonate"
D) 1. Satz der fünften Sinfonie

11. In welchem Alter verfasste Beethoven (der 56 Jahre alt wurde) sein „Heiligenstädter Testament"?
A) 31
B) 40
C) 48
D) 55

12. Welches Beethoven-Motiv hörten im Zweiten Weltkrieg BBC-Hörer als „Jingle" vor den Kriegsnachrichten?
A) Ode an die Freude
B) Anfangsmotiv der Fünften
C) Für Elise
D) Schluss der Eroica-Sinfonie

13 Wo trafen sich Goethe und Beethoven?
A) Teplitz
B) Bonn
C) Baden
D) Wien

14. „Beethoven was wrong" – glaubte wer?
A) Leonhard Bernstein
B) Glenn Gould
C) John Cage
D) Winston Churchill

15. Woher kam Beethovens Großvater Ludwig van Beethoven der Ältere?
A) Salzburg/Österreich
B) Nischni Nowgorod/Russland
C) Aalborg/Dänemark
D) Mechelen/Belgien

16. Wie wurde der junge Beethoven in Bonn von Nachbarn genannt?
A) Der Holländer
B) Der Spanier
C) Der Wikinger
D) Der Franzose

17. Wie hieß Beethovens Neffe, um den er sich kümmerte?
A) Pippin
B) Karl
C) Ludwig
D) Lothar

18. Wie nannte Beethoven seine Schwägerin Johanna?
A) Pamina
B) Donna Anna
C) Konstanze
D) Königin der Nacht

19. Wem wollte Beethoven seine dritte Sinfonie eigentlich widmen?
A) Napoleon
B) Fürst von Metternich
C) Joseph Haydn
D) Johann Wolfgang von Goethe

20. Welchen Spitznamen gab sich Beethoven selbst?
A) Reibekuchen
B) Parmiggiano
C) Mehlschöberl
D) Soup du jour

Antworten

1 = C „Die Zauberflöte"; 2 = B, Baden bei Wien; 3 = C, Mauricio Kagel; 4 = A, Anton Schindler; 5 = D, Pferd; 6 = D, Neunte Sinfonie; 7 = A, Broadwood; 8 = D, 60; 9 = C, Jean-Christophe; 10 = A, 3. Satz der „Mondschein-Sonate"; 11 = A, 31; 12 = B, Anfangsmotiv der Fünften; 13 = A, Teplitz; 14 = C, John Cage; 15 = D, Mechelen; 16 = B, Der Spanier; 17 = B, Karl; 18 = D, Königin der Nacht; 19 = A, Napoleon; 20 = C, Mehlschöberl

Chronologie

1770
Beethoven wird in Bonn geboren.

1775–1781
Unregelmäßiger Besuch einer Elementarschule.

ab 1780
Klavier- und Kompositionsunterricht bei Christian Gottlob Neefe (der ist ab 1782 Hoforganist in Bonn).

1784
Beethoven wird stellvertretender Hoforganist in Bonn.

1787
Erste Reise nach Wien. Beethoven fährt aber schnell wieder nach Hause, weil seine Mutter schwer krank ist. Sie stirbt nach seiner Rückkehr.

1789
Beethoven schreibt sich an der Universität Bonn ein. Außerdem: Wegen des Alkoholproblems seines Vaters wird die Hälfte von dessen Gehalt an Beethoven ausgezahlt, der sich nach Anordnung des Dienstherrn um die Erziehung seiner beiden Brüder kümmern soll.

1792
Umzug nach Wien im November. Tod des Vaters im Dezember.

1793
Kompositionsunterricht bei Joseph Haydn.

1800
Beethovens erste Sinfonie wird aufgeführt.

1801
Beethoven berichtet zwei Freunden per Brief von seiner Schwerhörigkeit.

1802
Heiligenstädter Testament. Kein richtiges Testament, sondern eine Art schriftlicher Monolog.

1809
Drei Adlige garantieren Beethoven zusammen ein Jahresgehalt von 4.000 Gulden, wenn er in Wien bleibt. Beethoven bleibt in Wien.

1815
Tod seines Bruders Kaspar Karl van Beethoven. Beethoven wird zum Vormund für seinen Neffen Karl benannt, zusammen mit der Witwe seines Bruders.

1824
Die neunte Sinfonie wird zum ersten Mal aufgeführt.

1827
Beethoven stirbt zuhause in Wien. Todesursache wohl Leberzirrhose.

1826
Selbstmordversuch des Neffen Karl.

Zitate

„Ich glaube an Gott, Mozart und Beethoven."
Richard Wagner

„Wenn du auf dem Klavier die Mondschein-Sonate rausdonnern kannst, verliebt sich jedes Mädchen in dich."
Der Rapper Cro in einem Interview

„Oliver, deine Hände sind perfekt für Beethoven."
Pianist Lang Lang in einem FAZ-Interview zu Olli Kahn

„No composer has ever lived who speaks so directly to so many people."
Leonhard Bernstein

„Zum Glück gibt es Beethoven, Goethe und DJ Bobo."
Helge Schneider

„Beethoven, du bist der Größte!"
Titel eines „Peanuts"-Heftes

„Ich werde nie eine Symphonie komponieren! Du hast keinen Begriff davon, wie es unsereinem zu Mute ist, wenn er immer so einen Riesen (Beethoven) hinter sich marschieren hört."
Johannes Brahms, komponierte dann doch vier Sinfonien